Fermín Bósquez Mc Kenzie

PROSPERIDAD SIN LÍMITES

Principios para vivir en un estado de prosperidad permanente

Fermín Bósquez McKenzie

ISBN: 9798335651042

Publicación a cargo de: Editorial Escritores Exitosos.

+50769588564

editorialescritoresexitosos@gmail.com

www.editorialescritoresexitosos.com

Editor encargado: Andrés Quintero Batista

ÍNDICE

DEDICATORIA

Es un honor poder dedicarte este libro, "Prosperidad sin límites". A todas aquellas personas que buscan aprender y crecer, y que están dispuestas a abrir su mente y corazón a nuevas ideas y experiencias. Estas palabras están dedicadas a todos aquellos que están dispuestos a invertir en sí mismos y a expandir sus horizontes.

Este libro promete ser una guía a través de los desafíos y las oportunidades que la vida te presenta.

Tu decisión de explorar estas páginas demuestra tu deseo de autosuperación.

Que estas páginas se conviertan en tu compañero de viaje y te ayuden a alcanzar tus metas y sueños. Con todo mi cariño, a través de las páginas de este libro, espero que encuentres las herramientas y la inspiración necesaria para alcanzar una vida plena y próspera.

Recuerda siempre que la prosperidad no tiene límites y que puedes lograr todo lo que te propongas con dedicación y esfuerzo. No importa cuáles sean sus circunstancias actuales, siempre hay un camino hacia un futuro más brillante Confía en ti mismo y en tus sueños, y verás cómo puedes superar todos los obstáculos que se te presentan. Espero que estas páginas se convierten en tu guía y compañía en medio del camino hacia la prosperidad sin límites.

Se que este libro te dará las herramientas y la inspiración necesaria para alcanzar una vida plena y próspera. Recordándote siempre que la prosperidad no tiene límites, y que cada uno de nosotros tiene el potencial de lograr grandes cosas.

"Con gratitud y alegría" Fermín Bósquez McKenzie.

PROLOGO

Es para nosotros, los Apóstoles Máximo y Zoraida Gabin Ministerio Restauración internacional un honor escribirles acerca de este material tan vital en la vida de todo ser humano. En este libro Prosperidad sin límites tendrás una guía muy clara y sencilla para tomar y hacer tuya la herencia que como hijos de Dios nos fue entregada a través del sacrificio de su hijo. La prosperidad sin límites encierra verdaderamente todo lo que él quiso devolvernos a través de esa entrega de amor.

En busca del tesoro escondido te deja entender lo que realmente es la prosperidad que nos enseña su palabra, no refiriéndose de ningún modo solo a lo material sino integralmente.

Ciertamente, la prosperidad va más allá de lo que son solo palabras; es en realidad como descubrirás la capacidad de proveer para nosotros y para otros de todas las necesidades de una forma constante. Además de enseñarnos a derribar los mitos que de alguna forma nos limitaron a recibir esta herencia sin límites, removiendo el pensamiento y la creencia de que la prosperidad solo se refiere a dinero y los bienes materiales, sino que transciende mucho más pues el dinero no compra la felicidad.

PROSPERIDAD SIN LÍMITES, nos enseña que su verdadero significado tiene que ver con relaciones personales, la salud, el bienestar emocional y otros bienes no necesariamente económicos.

Derriba el mito de que la prosperidad está determinada solo a un grupo de personas afortunadas o con mucha suerte.

Prosperidad sin límites te llevará a entender que se requiere no solo de pensamientos positivos, sino de acción y equilibrio, tomar decisiones correctas.

A través de este manual descubrirás que este tesoro está en tu interior y no se limita a la cultura de donde procedes. También te llevará a descubrir los principios de prosperidad infinita, entendiendo la importancia de la reconciliación y unificación, el equilibrio, la espiritualidad vs la religiosidad, la conexión entre gratitud y prosperidad, Hacer para tener vs Ser para tener, entre muchos otros temas que te llevarán a descubrir que la Prosperidad sin Límites es tu herencia y es accesible para todo aquel que entienda que no es para algunos sino para todo aquel que reconoce su real identidad, cree y se determina a seguir con consistencia los pasos y consejos delineados a través de este manual.

Estamos seguros que este manual te ayudará a que entiendas los principios de la prosperidad y te dará las herramientas prácticas y las habilidades necesarias para caminar y vivir en una prosperidad sin límites.

Apóstol Máximo Gabin

AGRADECIMIENTOS

Este libro no habría llegado a la luz sin la invaluable contribución de tantas personas que han desempeñado un papel fundamental en su creación. Deseo expresar mi profundo agradecimiento a todos aquellos que han sido parte de este viaje:

En primer lugar, quiero rendir homenaje a mi esposa Dawn y a mis hijos Gabriel y Josué. Su apoyo moral y emocional ha sido un pilar inquebrantable en la realización de este proyecto. Han sido mi fuente de inspiración y motivación, mi refugio en los momentos de desafío. Agradezco su paciencia y comprensión.

También deseo expresar mi gratitud hacia mis familiares, amigos y colegas. Sus comentarios y aportes invaluables a lo largo del proceso de escritura han enriquecido este libro. Sus perspectivas, críticas constructivas y ánimos me han guiado en la búsqueda de la excelencia.

Mi más sincero reconocimiento va dirigido a mis mentores, quienes han compartido su sabiduría y experiencia, guiándome en este camino. Sus enseñanzas y consejos han sido la brújula que ha orientado mi trabajo.

A todos y cada uno de mis lectores, quiero expresar mi más profundo agradecimiento. Su interés, su entusiasmo y su aprecio por mis palabras dan significado a este esfuerzo. Cada página escrita cobra vida cuando es leída y comprendida por ustedes. Gracias por invertir su tiempo y confianza en mi obra.

Por último, pero no menos importante, deseo elevar mi gratitud al Dios eterno, fuente de inspiración y sabiduría. Agradezco por la habilidad de comunicar este mensaje y la oportunidad de impactar positivamente en la vida de muchas personas. Mis palabras son insuficientes para expresar la inmensidad de mi gratitud hacia él. Este libro es un testimonio de la colaboración, el esfuerzo colectivo y la pasión por el conocimiento. A todos ustedes, les estoy eternamente agradecido. ¡Mil gracias por ser parte de este viaje!

CAPÍTULO 1: EN BUSCA DEL TESORO PERDIDO

"No hay peor tesoro que el que se ha perdido." - Autor desconocido

Imagina un velero navegando en el mar, buscando un tesoro perdido; mientras más se adentra en el vasto océano, surgen algunos desafíos y obstáculos y con ellos nacen interrogantes y dudas sobre la misión y su desenlace. En una de esas travesías, el velero se encuentra con un banco de peces dorados. La tripulación se emociona ante la oportunidad de pescarlos y venderlos por un buen precio, pero el capitán les recuerda que su objetivo principal es el tesoro perdido.

Sin embargo, en lugar de ignorar la oportunidad, el capitán decide utilizarla a su favor: les enseña a los tripulantes cómo pescar de manera eficiente y cómo vender los peces de la forma más rentable posible. Así, el velero no solo avanza hacia su objetivo principal, sino que también encuentra pequeñas oportunidades a lo largo del camino para mejorar su situación económica.

De esta forma, el libro "Prosperidad sin límites" es como un mapa para aquellos que quieren encontrar el tesoro perdido de la riqueza y la abundancia. Cada capítulo representa una nueva aventura en la que se aprenden herramientas y estrategias para superar obstáculos y aprovechar oportunidades, siempre manteniendo el enfoque en la meta final. Como el velero en el mar, aquellos que siguen las enseñanzas de este libro pueden sentirse seguros de que, aunque haya vientos y tormentas en el camino, siempre habrá nuevas oportunidades para prosperar.

Al abordar la noción de prosperidad, es común que nuestra mente inmediatamente la asocie a dinero y bienes materiales. Esta conexión automática nos lleva a pensar que la prosperidad está directamente vinculada a la posesión de una cuenta bancaria sólida o un negocio lucrativo, entre otros activos. No obstante, es imperativo comprender que los bienes materiales son simplemente un reflejo de la prosperidad; en otras palabras, son el resultado y no la causa subyacente. Considera que sólo estás viendo la punta del iceberg, pues la prosperidad nos invita a explorar dimensiones más profundas que van más allá de la superficie material.

Debemos ampliar nuestra perspectiva sobre la prosperidad para aprovechar plenamente sus beneficios en todas las áreas de la vida. No debemos confundir la prosperidad con la riqueza material o ser millonario, ya que esta percepción errónea ha causado frustración a muchos. Al limitar la noción de prosperidad a la abundancia financiera, se crea la ilusión de desigualdad y privilegio, excluyendo a otros de experimentar su propio crecimiento y bienestar en diversos aspectos de la vida.

La palabra "prosperidad", inicialmente rica en significado, ha perdido parte de su profundidad al convertirse en un término común y superficial en los últimos 10 años. Su uso excesivo en los medios ha desviado nuestra atención del verdadero poder que esta encierra, e incluso instituciones de diferentes esferas han modificado su identidad para adoptar este concepto, aunque a menudo distorsionamos su significado real, atribuyéndole connotaciones que no reflejan completamente la verdad. Es crucial reconsiderar y redescubrir la auténtica esencia de la prosperidad para no perder de vista su impacto genuino en nuestras vidas.

Prosperidad encapsulada

Cuando examinamos la estrategia de la industria farmacéutica para encapsular los medicamentos, encontramos un fascinante paralelo en nuestra percepción de la prosperidad. Estos pequeños envases parecen contener todo el potencial curativo, pero, en realidad, están diseñados para liberar sus beneficios de manera controlada, manteniéndonos dependientes de ellos durante largos períodos de tiempo.

De manera similar, la prosperidad ha sido confinada y reducida a una imagen de exclusividad, asociándola únicamente con aquellos que ostentan riquezas materiales o abundancia financiera. A menudo, etiquetamos a estas personas como "prósperas", dejando de lado a los que a simple vista no cuentan con recursos financieros excesivos.

Pero, en este viaje, estamos a punto de desvelar su verdadera esencia. Descubriendo que es mucho más que la acumulación, ya que también abarca aspectos físicos, emocionales y espirituales de nuestras vidas. La prosperidad es un estado de equilibrio, un flujo continuo de bienestar que todos podemos alcanzar.

A medida que exploramos las capas de significado detrás de esta palabra, desbloqueamos su verdadero potencial, descubrimos que la prosperidad está al alcance de todos nosotros y la liberamos de su encapsulamiento, devolviéndole su poder completo. La verdadera abundancia no se limita, sino que espera a ser experimentada por todos los que estén dispuestos a abrazarla en su forma más amplia. ¡Bienvenidos a un viaje de expansión y descubrimiento!

Prosperidad más allá de las palabras

Desde su raíz hebrea, "tob", nos encontramos con una riqueza de significados que se extienden mucho más allá de lo que en realidad conocemos de ella.

Es la manifestación de un hombre bueno en su plenitud, donde el flujo constante de abundancia se experimenta en todas sus formas.

La prosperidad no se limita únicamente a la acumulación de bienes, sino que también se relaciona con la capacidad de generar favor en nuestras vidas y en la vida de los demás. Implica un éxito sostenible, no solo un logro momentáneo, y se desborda como un tesoro inagotable.

En su esencia, la prosperidad es la búsqueda de lo mejor en cada aspecto de nuestras vidas y es la celebración de las bendiciones que fluyen suavemente a nuestro alrededor. En lugar de ser un estado estático, es un proceso continuo de crecimiento y expansión.

Este concepto nos recuerda que la prosperidad va más allá de las posesiones materiales y se encuentra arraigada en la riqueza de nuestras experiencias, conexiones y contribuciones al mundo. A medida que profundizamos en esta exploración, descubriremos que la prosperidad es una realidad accesible para todos los que están dispuestos a abrazarla en su plenitud.

Si bien es cierto que la abundancia de bienes materiales, el emprendimiento exitoso y el logro de metas profesionales pueden ser indicativos de una vida confortable, no representan un estado de prosperidad en su totalidad. En nuestra experiencia, hemos conocido a individuos que poseen riquezas materiales y todo tipo de propiedades, pero lamentablemente se han visto afectadas sus relaciones familiares.

Por otro lado, existe un grupo de personas que, a pesar de no tener una gran cantidad de recursos económicos, han cultivado vínculos sólidos y armoniosos no solo con sus familiares, sino también con sus amistades. Pero existe un detalle: no cuentan con los recursos financieros para cubrir sus necesidades básicas.

Curiosamente, también hemos cruzado caminos con aquellos que gozan de la riqueza financiera y mantienen relaciones familiares y amistosas saludables, pero lamentablemente, la prosperidad se ve empañada por problemas de salud. Esto nos recuerda que la prosperidad es un conjunto de factores interconectados que se extiende a la calidad de nuestras relaciones y nuestra salud. Es el equilibrio armonioso lo que constituye una vida realmente abundante. Al comprender esta riqueza en su totalidad, estamos en una posición óptima para buscarla y experimentarla de manera más completa.

CAPÍTULO 2: DESMITIFICANDO LA PROSPERIDAD

"Los mitos son las sombras de la verdad, enredadas en la maraña de la imaginación. (Autor anónimo)

Los mitos son relatos o historias ficticias o simbólicas que tienen como objetivo explicar el mundo y sus acontecimientos. A lo largo de la historia, los mitos han sido una forma de transmitir conocimientos, valores y creencias de generación en generación y de explicar fenómenos naturales y misteriosos. Los mitos también pueden ser influenciados por factores políticos, religiosos y culturales y pueden ser utilizados como herramientas para controlar y manipular a las personas.

La formación de mitos se debe a la necesidad humana de encontrar explicaciones y respuestas a los misterios y desafíos de la vida. Además, ellos cumplen una función social y cultural, ya que ayudan a transmitir valores y normas, a identificar a un grupo o comunidad y a proporcionar un sentido de pertenencia. En este capítulo, nos sumergiremos en un emocionante viaje de exploración destinado a desentrañar y desmitificar las ideas arraigadas en nuestra mente en relación con la prosperidad. A lo largo de la historia y en la cultura contemporánea, hemos construido una serie de mitos; la sustitución de la verdad por una idea o concepto pre elaborado se convierte en un mito.

Hoy queremos desmitificar los conceptos que hemos establecido en nuestra mente en cuanto a la prosperidad.

Mitos sobre la prosperidad

La prosperidad solo puede ser alcanzada a través del dinero y los bienes materiales.

La prosperidad no se puede limitar al dinero y a los bienes materiales que posee una persona por varias razones.

El dinero no garantiza la felicidad: aunque tener suficiente dinero para cubrir las necesidades básicas es importante, la felicidad está más relacionada con las relaciones personales, la salud, el bienestar emocional y otros factores no económicos.

El dinero no puede comprar la satisfacción personal. La satisfacción personal se basa en la sensación de haber logrado objetivos y metas importantes en la vida. Estos objetivos pueden estar relacionados con el trabajo, la familia, la salud o el desarrollo personal y no necesariamente tienen que ver con el dinero o los bienes materiales.

El tiempo es un recurso limitado y valioso. Las personas que persiguen la prosperidad solo a través del dinero pueden acabar sacrificando tiempo de calidad con amigos y familiares, tiempo libre para actividades que les gustan o tiempo para cuidar su salud. El tiempo es un recurso valioso que no se puede comprar, y es importante encontrar un equilibrio entre el trabajo y otras áreas de la vida.

La prosperidad puede estar relacionada con el bienestar social. Las personas que se involucran en su comunidad, que tienen relaciones significativas y que apoyan a otros pueden sentir una mayor sensación de prosperidad que las personas que solo se centran en su propio éxito financiero. La conexión y el apoyo social son importantes para la salud emocional y el bienestar.

La prosperidad es solo para aquellos que son afortunados o tienen una gran suerte.

El ser prósperos no se trata simplemente de ser afortunados o tener suerte, ya que la prosperidad se relaciona más con el esfuerzo, el trabajo y la planificación que con la suerte.

Para alcanzar la prosperidad, es necesario invertir tiempo en mejorar habilidades, adquirir conocimientos, tomar decisiones y planificar el futuro. La suerte o la fortuna pueden desempeñar un papel, pero no son suficientes para lograr la prosperidad. La suerte es algo que está fuera de nuestro control, y no podemos confiar en ella para lograr nuestros objetivos. También requiere acción constante, independientemente de lo que pueda suceder en el futuro.

Esto implica tomar riesgos calculados. La toma de riesgos es parte de cualquier camino hacia la prosperidad, pero estos riesgos deben ser planificados cuidadosamente para aumentar las posibilidades de éxito; la suerte no puede garantizar que los riesgos tengan éxito.

La prosperidad se basa en la resiliencia y la perseverancia. Son fundamentales para mantener y aumentar la prosperidad a lo largo del tiempo. La perseverancia y la resiliencia están basadas en la capacidad para superar obstáculos.

La prosperidad es solo para unos pocos elegidos

En realidad, la oportunidad de llevar una vida próspera no está reservada para unos pocos privilegiados; está al alcance de cualquier persona que tome las decisiones adecuadas. Se trata de una amalgama de factores que todos podemos cultivar y mejorar a lo largo de nuestras vidas. La prosperidad se vincula estrechamente con la habilidad para desempeñar tareas específicas y esto se basa principalmente en factores internos. Si estamos dispuestos a invertir tiempo, esfuerzo y dedicación, generando una transformación interna, podemos adquirir las habilidades y conocimientos necesarios para impactar positivamente nuestro entorno.

La actitud y mentalidad de una persona desempeñan un papel crucial en su capacidad para alcanzar la prosperidad. Aquellos que expanden su mundo interior han escuchado a personas que consideran la vida injusta debido a que algunos alcanzan un estado de plenitud y otros no. Sin embargo, la verdad es que todos tenemos la oportunidad de alcanzar esa plenitud. Todos estamos invitados a participar en la fiesta, pero pocos han aceptado la invitación.

Vivir prósperamente se convierte en una decisión y elección personal. Las decisiones que tomamos a lo largo de nuestra vida son determinantes en nuestra capacidad para alcanzar dicho estado. Tomar decisiones desde nuestro interior aumenta nuestras probabilidades de lograr aquello que nos coloca en una posición más elevada. La oportunidad está al alcance de todos; solo es cuestión de aprovecharla.

La prosperidad es solo una cuestión de enfoque y pensamiento positivo

El mito de que la prosperidad solo se puede alcanzar con pensamientos positivos y enfoque mental sin aplicar la acción es una idea que ha ganado popularidad en la industria del desarrollo personal y el movimiento de la Ley de Atracción. Este mito sugiere que, si uno piensa positivamente y visualiza sus metas con suficiente intensidad, la realidad se ajustará automáticamente para cumplir esas aspiraciones, sin requerir un esfuerzo activo o acciones concretas.

Si bien es cierto, el pensamiento positivo y el enfoque mental son herramientas valiosas para cultivar una mentalidad de éxito y fortaleza emocional, el simple acto de pensar de manera positiva no garantiza el logro de la prosperidad. La acción es un componente esencial para transformar los deseos y las metas en realidad. Este mito puede generar expectativas poco realistas y llevar a la complacencia o la inacción.

La prosperidad y el éxito requieren un equilibrio entre el pensamiento positivo, el enfoque emocional y la acción proactiva. Si bien es importante tener una mentalidad positiva y enfocarse en las metas con claridad, también es fundamental gestionar nuestras emociones y tomar medidas concretas para avanzar hacia ellas. La acción implica tomar decisiones informadas, desarrollar un plan de acción y comprometerse con la implementación de ese plan. Además, la acción brinda oportunidades de aprendizaje y crecimiento. A través de la experiencia y el esfuerzo, uno adquiere conocimientos, desarrolla habilidades y supera desafíos, lo que contribuye a su desarrollo personal y profesional. La acción también implica la construcción de redes, la búsqueda de recursos y el aprovechamiento de oportunidades que pueden impulsar el camino hacia la prosperidad.

El mito de que la prosperidad solo se puede lograr con pensamientos positivos y enfoque mental sin aplicar la acción es una visión simplista y limitada. La prosperidad requiere una combinación de acción proactiva.

En conclusión, En la desafiante travesía de desmitificar los conceptos arraigados sobre la prosperidad, hemos explorado mitos reveladores. Desde la creencia errónea de que la prosperidad es meramente una cuestión de enfoque y pensamiento positivo hasta la idea limitante de que solo unos pocos privilegiados pueden acceder a ella. No escapamos a la trampa de pensar que la prosperidad está reservada para aquellos bendecidos por la fortuna, y también cuestionamos la conexión estrecha entre prosperidad y riqueza material. A medida que desentrañamos estos mitos, hemos revelado un panorama más amplio y accesible. La prosperidad no es una fórmula única ni exclusiva; es un tapiz tejido con elecciones, actitudes y esfuerzos que todos, independientemente de su suerte aparente, pueden entrelazar en sus vidas. Este capítulo nos ha invitado a reconsiderar nuestras percepciones arraigadas, abriendo la puerta a una comprensión más auténtica y accesible de la prosperidad que va más allá de simples clichés y preconcepciones limitantes.

CAPÍTULO 3: EL VERDADERO SIGNIFICADO DE LA PROSPERIDAD

"El valor de las cosas no está en el tiempo que duran, sino en la intensidad con que suceden. Por eso existen momentos inolvidables, cosas inexplicables y personas incomparables. Autor anónimo

Prosperidad según las diferentes culturas

En algunas culturas, la noción de prosperidad se integra de manera propia en la vida cotidiana, convirtiéndose en un principio esencial. Desde los primeros días de vida, sus miembros son impregnados con la influencia cultural de cada región, que enfatiza la prosperidad como una parte inalienable de su existencia. Las fluctuaciones y las condiciones políticas, sociales y económicas arraigadas juegan un papel determinante en la forma en que la percibimos.

Esta percepción, transmitida como una herencia cultural, se convierte en la verdad que guía sus vidas. La prosperidad adquiere múltiples significados según las diversas culturas, siendo moldeada por tradiciones, valores y creencias particulares y puede manifestarse en la calidad de vida, la salud y la capacidad de seguir prácticas con diversos intereses. Es un concepto dinámico que puede representar progreso, seguridad, posición social y éxito.

En esta exploración de perspectivas culturales, surge una fascinante diversidad de interpretaciones sobre la prosperidad. Cada civilización teje su propia historia sobre lo que significa vivir en un estado próspero, reflejando las complejidades y riquezas de la condición humana a través de diferentes lentes culturales.

Cultura oriental: En culturas orientales, como la china y la japonesa, la noción de prosperidad a menudo se interpreta de manera más colectiva, donde se enfoca en el bienestar de la comunidad en lugar de centrarse únicamente en el individuo. Si bien la riqueza financiera sigue siendo un factor importante, se valora igualmente la armonía en las relaciones interpersonales, la buena salud y la sabiduría como componentes esenciales de una vida próspera.

En estas culturas, la prosperidad se extiende más allá de la acumulación de bienes materiales y se arraiga en la coexistencia armoniosa de las personas dentro de la comunidad. La importancia de mantener relaciones saludables y equilibradas se considera un indicador crucial de prosperidad. Además, se valora la inversión en la salud y la búsqueda de sabiduría como medios para enriquecer la vida de uno y, al mismo tiempo, contribuir al bienestar colectivo.

Así, la comprensión de la prosperidad en las culturas orientales se teje en un tapiz de valores que incluye aspectos financieros colectivos, abrazando una visión más holística y comunitaria de una vida plena.

Cultura europea: En muchas culturas europeas, la prosperidad se experimenta como una amalgama de éxito financiero y una vida equilibrada y satisfactoria. En este contexto, se pone un fuerte énfasis en el desarrollo personal y profesional donde la carrera y el crecimiento individual se consideran elementos fundamentales de la prosperidad. Sin embargo, no se limita solo al ámbito laboral. La idea es que la prosperidad no se reduzca únicamente a los logros profesionales, sino que se expanda a la satisfacción en las relaciones personales y familiares. Además, en muchas culturas europeas, se valora el tiempo libre y la capacidad de disfrutar de la vida fuera del trabajo. El equilibrio entre el tiempo dedicado al trabajo y el tiempo libre es un aspecto esencial de la prosperidad. En esta cultura la prosperidad se define como una sinergia entre el éxito financiero, el desarrollo personal, las relaciones significativas y el disfrute de la vida. Se trata de encontrar un equilibrio entre todos estos elementos para lograr una vida verdaderamente próspera.

Culturas latinas: como latinoamericanos que somos, hemos crecido con la creencia arraigada de que la prosperidad se manifiesta a través de una combinación de éxito, bendiciones financieras y logros personales. Esta percepción se ha convertido en un pilar fundamental en nuestra manera de entender y abrazar la vida.

El éxito, en sus diversas formas, a menudo se ha considerado como un marcador esencial de prosperidad. Ya sea en el ámbito profesional, académico o personal, alcanzar metas y objetivos se ha convertido en un elemento vital de lo que significa prosperar en la cultura latina. Estos logros personales no solo reflejan la dedicación y el esfuerzo individual, sino que también se perciben como una fuente de orgullo y satisfacción.

Las bendiciones financieras, en particular, han ocupado un lugar destacado en la definición de prosperidad en las culturas latinas. La capacidad de mantener a la familia, acceder a una vivienda adecuada y disfrutar de comodidades adicionales ha sido tradicionalmente vista como un signo de éxito y bienestar.

Sin embargo, es importante destacar que la percepción de la prosperidad en las culturas latinas es dinámica y evoluciona con el tiempo. Cada vez más, se valora la riqueza de las relaciones familiares, la salud física y emocional, el acceso a la educación y el crecimiento personal, así como la contribución a la comunidad y la práctica de valores éticos y morales.

La cultura del medio oriente: prácticamente desde que nacen ya experimentan una influencia fuerte de una cultura y son enseñados que la prosperidad es parte fundamental de sus vidas. Independientemente de las condiciones políticas, sociales y económicas que ellos experimentaban en el momento, siempre tenían presente la prosperidad como una forma de vida. En esta cultura, la prosperidad también es vista como una bendición divina. La prosperidad financiera es valorada, pero también se valora la prosperidad en términos de relaciones familiares y comunitarias saludables, y una vida llena de significado y propósito.

La prosperidad también es vista como una recompensa por vivir de acuerdo con sus diversas creencias y ser generoso con los demás. La prosperidad no solo se refiere a la riqueza material, sino también a la paz interior, la justicia social y la vida familiar y comunitaria armoniosa. Además, enfatiza la importancia de ser responsable con la prosperidad y usarla de manera ética y responsable y promover el bienestar de la comunidad.

La construcción de la prosperidad requiere cimientos más sólidos en un mundo donde los medios nos venden la ilusión de un ascenso rápido. A menudo, nos encontramos con la paradoja de alcanzar la abundancia sin contar con los fundamentos que la sostendrían de manera permanente y robusta. En este torbellino de adquisiciones súbitas, muchas personas, al pasar de tener nada a poseer casi todo de la noche a la mañana, se ven impulsadas por el instinto de satisfacer todas las carencias acumuladas durante sus momentos de escasez. Sin embargo, es esencial reflexionar sobre la necesidad de cultivar estados que nos lleven a la cima permanentemente y que nos ofrezcan las herramientas para sostener y hacer florecer esa prosperidad a largo plazo. La verdadera riqueza se mide en la capacidad de construir y mantener un estado de bienestar sólido y duradero.

Al observar cómo viven las personas de entornos diferentes al nuestro, se tiende a valorar aquellos signos de prosperidad que comunican el nivel social de los individuos. Son de tipo externo y necesariamente no están relacionadas con el bienestar o la riqueza, pero sirven como referencia para evaluar el nivel de vida de los otros. Algunos de estos signos son los siguientes: el automóvil que se conduce, la casa, el lugar de veraneo, la manera de vestir, el reloj o incluso pequeños detalles que simbolizan el estatus social. Todos ellos actúan como elementos simbólicos, por lo que son considerados por muchos como signos de prosperidad. A veces son engañosos, ya que son utilizados para ocultar la realidad de un problema. Este fenómeno ocurrió cuando la nobleza perdió el poder económico e intentaba mantener su prestigio a pesar del declive. La literatura ha abordado este tipo de situaciones. En ellas, el noble vive en la ruina, pero todavía conserva su castillo, aunque apenas pueda mantenerlo. Su prosperidad es solo aparente.

Es una creencia errónea y limitante pensar que la prosperidad solo se trata de tener.

Por otro lado, una persona puede tener una vida equilibrada y satisfactoria, sin tener una gran fortuna financiera. La salud, las relaciones y el sentido de propósito son elementos valiosos e intrínsecos que pueden proporcionar una fuente de felicidad y satisfacción duradera, incluso si no hay una gran cantidad de dinero. La prosperidad financiera es, por supuesto, importante. Pero el éxito económico no es suficiente si no está acompañado de una vida equilibrada y satisfactoria en otros aspectos.

La obtención de prosperidad financiera ciertamente requiere inteligencia, pero la verdadera clave para sostenerla en el tiempo reside en la sinergia entre inteligencia y sabiduría. La inteligencia nos guía en la toma de decisiones financieras astutas y estratégicas, pero es la sabiduría la que nos otorga la visión a largo plazo y la capacidad de discernir entre las gratificaciones momentáneas y las inversiones sostenibles. Mientras la inteligencia nos impulsa hacia oportunidades lucrativas, la sabiduría nos enseña a equilibrar la búsqueda del éxito financiero con valores duraderos y la estabilidad a largo plazo. En conjunto, la inteligencia y la sabiduría forman una alianza poderosa que no solo nos guía hacia la prosperidad, sino que también nos capacita para mantenerla y hacerla florecer a lo largo de nuestra travesía.

El verdadero significado de la prosperidad

En mi búsqueda exhaustiva para comprender el auténtico significado de la prosperidad, me he encontrado con principios fundamentales que compartiremos con cada uno de ustedes. Estos principios no solo han transformado mi propia perspectiva, sino que también tienen el poder de renovar tu mente y abrirte a una comprensión más profunda de lo que realmente implica prosperar en la vida.

La verdadera prosperidad abarca también la satisfacción en las relaciones personales, la armonía en la familia, una buena salud física y emocional, el acceso a la educación y oportunidades de crecimiento personal, así como la práctica de valores éticos, morales y espirituales. Es un equilibrio entre el éxito material y el bienestar espiritual, entre alcanzar objetivos personales y contribuir al bien común.

La prosperidad auténtica es una sinfonía de logros, satisfacción y bienestar que trasciende todo ámbito físico.

La prosperidad es un recurso espiritual que tiene un poder de alcance en el mundo material.

La salud emocional y mental también son aspectos fundamentales para la prosperidad, ya que las emociones y la perspectiva mental pueden afectar la calidad de vida.

Las relaciones también son un componente crucial de la prosperidad. La conexión y el apoyo de seres queridos y la comunidad pueden proporcionar una fuente de felicidad y satisfacción, y ayudar en momentos difíciles. La prosperidad espiritual es igualmente importante. Tener un propósito y significado más elevado de la vida y conectarse con la espiritualidad puede ayudar a encontrar un sentido más profundo y una mayor felicidad y satisfacción.

La auténtica prosperidad, aquella que se alcanza a través de un esfuerzo consciente, es un proceso en donde cada semilla plantada y cada atención dedicada contribuyen a su florecimiento. A diferencia de un regalo fortuito, esta prosperidad no es fruto del azar, sino el resultado directo de decisiones deliberadas y compromisos continuos.

Es un compromiso activo con la automejora, la autenticidad y la alineación con valores fundamentales. Es el reconocimiento de que cada paso, por pequeño que sea, tiene un impacto en la construcción de la vida que deseamos.

La prosperidad que se obtiene a través del esfuerzo consciente abraza la abundancia en todas sus formas. Implica el desarrollo de habilidades y talentos, y el cultivo de una mentalidad positiva y resiliente.

Este proceso requiere paciencia y perseverancia, valentía y esfuerzo consciente. Es un compromiso a largo plazo con la autodisciplina y la visión clara de metas sostenibles.

La verdadera prosperidad, aquella que se obtiene a través del esfuerzo consciente, no es un destino final, sino un continuo proceso de desarrollo personal y conexión con lo que realmente valoramos en la vida. Esta prosperidad, lejos de ser fortuita, se convierte en la recompensa duradera de un compromiso consciente y sostenido con la creación de una vida plena y significativa.

Solamente esfuérzate y sé muy valiente, para cuidar de hacer conforme a toda la ley que mi siervo Moisés te mandó; no te apartes de ella ni a diestra ni a siniestra, para que seas prosperado en todas las cosas que emprendas. Nunca se apartará de tu boca este libro de la ley, sino que de día y de noche meditarás en él, para que guardes y hagas conforme a todo lo que en él está escrito; porque entonces harás prosperar tu camino, y todo te saldrá bien. Josué 1:7-8

La exhortación a "esforzarse y ser muy valiente" destaca la importancia de la determinación y el coraje en la búsqueda de la prosperidad. Superar desafíos y enfrentar obstáculos con fortaleza es esencial.

El llamado a cumplir con la ley de Dios, representada por las instrucciones dadas a Moisés, subraya la relevancia de vivir de acuerdo con principios éticos y morales. La obediencia a estas directrices es fundamental para el camino hacia la prosperidad.

La instrucción de que el libro de la ley no se aparte de nuestra boca y la necesidad de meditar en él día y noche resaltan la importancia de mantener una conexión constante con la sabiduría divina. La reflexión continua en los principios divinos guía nuestras acciones y decisiones diarias.

La promesa de prosperidad está vinculada directamente al compromiso con la ley divina. La prosperidad no es un resultado automático, sino que se asocia con la diligencia en seguir las instrucciones divinas y actuar en consonancia con ellas.

Las conexiones entre la adhesión a la ley divina y el éxito resaltan que la prosperidad no es simplemente un don que cae del cielo, sino un resultado directo de vivir de acuerdo con los principios establecidos.

La prosperidad implica una combinación de esfuerzo, valentía, obediencia y una conexión constante con la sabiduría espiritual. La prosperidad se presenta como una consecuencia natural de vivir de acuerdo con la voluntad divina y tomar medidas coherentes con esos principios.

El sendero hacia una vida próspera y duradera no radica en evitar los tropiezos, ni desanimarse o perder el enfoque ante los desafíos, sino en reconocer esos momentos de debilidad y entender que en esos momentos es cuando saldrá a relucir nuestra verdadera fortaleza y que es allí en donde se debe actuar con valentía y perseverancia, siguiendo el ejemplo de Josué, un líder destacado de las Escrituras. Josué, sucesor del gran Moisés, quien, guiado por orden divina, lideró al pueblo de Israel fuera de Egipto, enfrentando desafíos monumentales, como la apertura del Mar Rojo por la mano de Dios, entre otras hazañas notables.

Tras la tarea cumplida de Moisés, se le encomendó a Josué la dirección del pueblo de Israel hacia su propósito. Esta encomienda llevaba consigo condiciones claras: esforzarse y demostrar valentía, equivalentes a la perseverancia en los principios y preceptos ya establecidos a través de su predecesor. Las formas y estrategias pueden variar, pero los principios permanecen hasta el final. Ser valientes y permanecer en los principios divinos nos abren compuertas de oportunidades para experimentar caudales en estados de prosperidad continuos, ya que cada vez que surja el deseo de alejarnos de nuestro estado de prosperidad, los principios nos recordarán de que nuestro estado original es vivir plenamente anclando nuestra esperanza a una vida con resultados mayores que duren en el tiempo.

Una cosa es guardar los principios y otra es cumplir o vivir los principios; guardar los principios equivale a estar conscientes de que existen reglas a seguir y saber que estas diversas reglas nos otorgaran múltiples beneficios y eso está perfecto, pero vivir y cumplir los principios destaca que, aunque los resultados no sean visibles a la vista humana, debemos tener una convicción interna profunda de que en el mundo invisible están generando cambios importantes en nuestro entorno. Meditar en los principios o preceptos nos introduce en un estado de enfoque y nos ayuda a desconectarnos del pasado y futuro no existentes para que conectemos con nuestro aquí y ahora.

La prosperidad implica que, aunque las cosas salgan mal, al final del camino todo operará para bien. Josué tuvo diversos desafíos en su gestión que no lo dejaron sumergido en derrota; cada uno de esos desafíos fue tomado como una oportunidad. No sé qué desafíos enfrentas tú en el día de hoy, pero te aseguro que estás supuesto a vencer si sólo te esfuerzas y eres valiente.

"Bienaventurado el varón que no anduvo en consejo de malos, ni estuvo en camino de pecadores, ni en silla de escarnecedores se ha sentado; Sino que en la ley de Jehová está su delicia, y en su ley medita de día y de noche. Será como árbol plantado junto a corrientes de aguas, Que da su fruto en su tiempo, Y su hoja no cae; Y todo lo que hace, prosperará.

Salmos 1:1-3

CAPÍTULO 4: EL TESORO ESTÁ EN TU INTERIOR

"Pues donde esté tu tesoro, allí estará tu corazón. Mateo 6:21

En un pequeño pueblo perdido en medio de un exuberante bosque, vivía un hombre llamado Elías. Era un hombre sencillo, conocido por su risa contagiosa y su sabiduría. Elías pasaba sus días explorando el bosque en busca de oro. Pero lo que lo hacía verdaderamente especial era su búsqueda inquebrantable de lo que él llamaba "el tesoro interior".

Cada día, Elías se alejaba de la aldea y se adentraba en el denso bosque. Se sumía en la naturaleza, escuchaba el susurro del viento en las hojas y observaba la danza de las luciérnagas por la noche. La gente del pueblo pensaba que Elías solo estaba buscando un tesoro material escondido en algún lugar remoto del bosque, pero estaban equivocados, porque su búsqueda de este metal preciado también era un reflejo de lo que vendría a ser su verdadero propósito de vida que consistía en buscar su tesoro interior y compartirlo con los demás.

Un día, Elías se dio cuenta de que el tesoro que buscaba no estaba fuera de él, sino dentro. Descubrió que dentro de cada ser humano yacía un potencial infinito de prosperidad y plenitud. Comprendió que la verdadera riqueza no se encontraba en joyas ni en monedas de oro, sino en la capacidad de amar, aprender y crecer.

Decidió compartir esta revelación con su pueblo. Reunió a todos en la plaza del pueblo y les contó la historia de su búsqueda interior. Explicó que el tesoro que todos buscaban se encontraba dentro de cada uno de ellos, en su capacidad de soñar, en su fuerza para superar obstáculos y en su habilidad para amar y ser amados.

Las palabras de Elías resonaron en los corazones de los habitantes del pueblo. Comenzaron a comprender que la verdadera prosperidad consistía en identificar la riqueza en aspectos más profundos de la vida. Elías les enseñó a mirar dentro de sí mismos, a descubrir sus talentos y pasiones, y a cultivar la semilla de la prosperidad que existía en sus corazones.

Con el tiempo, el pueblo floreció de una manera que nunca antes habían imaginado. Las personas se apoyaban mutuamente, compartían sus conocimientos y se centraban en el crecimiento personal y espiritual. El pueblo se convirtió en un faro de prosperidad y plenitud y su fama se extendió por toda la región.

Elías nunca dejó de explorar el bosque, pero ahora lo hacía con un propósito diferente.

El génesis de la prosperidad

Todos los seres humanos fueron creados a imagen y semejanza de Dios. Aunque inicialmente podría parecer que la creación siguió un orden aparentemente fragmentado, donde cada aspecto existe de forma independiente, al contemplar cómo Dios tejió la luz, los mares, los cielos, la tierra, las plantas, los peces, el día, la noche, y finalmente al ser humano, se revela una intrincada red de conexiones.

Aunque dejó a los seres humanos para el final de esta majestuosa obra de creación, no fue debido a que éramos menos o más importantes que el resto. Podríamos expresar que "Dios se lució al crearnos", pero en realidad somos una parte integrada de este gran todo. Dios amalgamó elementos de la naturaleza para dar forma a nuestra existencia. En esencia, somos una pieza fundamental de este inmenso rompecabezas cósmico. En nuestro libro "Cuida tu huerto", exploraremos más a fondo esta conexión divina y cómo podemos nutrir y proteger la esencia de nuestro ser en armonía con la creación que nos rodea.

El ser humano fue diseñado para coexistir en armonía con la vida en la tierra, para cuidarla y preservarla.

Pensemos por un momento en cómo sería el ser humano sin un planeta Tierra que nos sustente, sin un sol que nos ilumine de día y una luna que nos guíe por la noche. Imaginemos un mundo sin sus bosques frondosos, su diversa flora y fauna, y sus majestuosos animales salvajes. En realidad, es algo que carecería de todo sentido.

Así, la verdad es que somos una parte esencial de la creación, tejidos por la mano de Dios. Estamos destinados a la vida, y la vida está destinada a nosotros. Como seres humanos, somos custodios de esta maravillosa creación, y es nuestra responsabilidad preservarla, tal como fue planeado desde el principio de los tiempos.

Encontrando el Edén Interior

La historia bíblica de Adán y Eva, marcada por su desobediencia en el Edén, trajo consigo la pérdida de la prosperidad sin esfuerzo. Sin embargo, más allá de ser un relato de caída, es también una narrativa de redención y la oportunidad de restaurar la conexión con la prosperidad divina.

Este acto de desobediencia, influenciado por la serpiente, fragmentó la armonía original con la fuente divina de prosperidad. La tierra, que anteriormente proporcionaba con generosidad, ahora exigía esfuerzo y trabajo. La conexión directa con la fuente divina se rompió, pero dentro de esta caída, surgió una oportunidad de unificación.

La colocación del árbol de la vida en el centro del huerto sugiere que nuestra existencia gira en torno a la vida y la elección de comer del árbol de la ciencia del bien y del mal podría interpretarse como una decisión humana para cumplir un propósito divino de exilio y redención.

La expulsión del Edén trajo consigo consecuencias, pero también ofreció la oportunidad de restauración. A pesar de la pérdida de privilegios y el exilio del paraíso terrenal, Adán y Eva, y por extensión la humanidad, tienen la posibilidad de buscar la reconciliación con lo divino.

La historia de Adán y Eva se entrelaza con el tema recurrente de redención, evidenciado cuando Dios promete enviar un Salvador que restauraría la relación entre la humanidad y Dios. Este concepto de redención destaca que, aunque las acciones humanas pueden llevar a la caída y al exilio, también existe la oportunidad de buscar la restauración y la reconciliación.

Si bien la decisión de Adán y Eva tuvo consecuencias significativas, también se convirtió en la puerta de entrada para buscar el Edén interior. La búsqueda del paraíso y la prosperidad, que aparentemente se perdieron en el Edén físico, se convierte en una exploración interna. El nombre "Edén", que significa lugar de placer, y "Adán", que significa ser placentero, sugieren que el paraíso y la prosperidad no están fuera, sino ocultos dentro de cada ser humano.

La historia de Adán y Eva nos recuerda que la caída no es el fin, sino el inicio de la búsqueda de restauración y prosperidad. Encontrar el Edén Interior, el lugar de placer y bienestar, se convierte en el camino para restaurar la conexión con la fuente eterna de prosperidad sin límites.

El poder de la co-creación

"Mientras que existan los planos, en el taller del ingenio, cualquier invención puede resurgir de sus cenizas como el ave Fénix".

Desde la perspectiva divina, la prosperidad es mucho más que un simple estado, que se puede cambiar a voluntad; somos, en esencia, una fuerza activa de prosperidad en constante movimiento. En este mundo, estamos llamados a ser la causa, no el efecto. Dentro de cada uno de nosotros reside un poder creador que moldea nuestro entorno. No somos meras creaciones, sino co-creadores de nuestro destino, capaz de dar forma a nuestro entorno. Este poder que nos fue otorgado desde el principio solo está esperando ser activado, como un gran cohete que solo espera ser lanzado a la voz de mando de un general; de igual forma, la creación está deseando nuestra manifestación. Aquí desvelaremos cómo podemos lograr ser co-creadores para lograr un estado de prosperidad plena.

"Porque el anhelo ardiente de la creación es el aguardar la manifestación de los hijos de Dios.

Romanos 8:19

La noción de ser co-creadores de nuestra propia realidad implica reconocer que no somos meros espectadores pasivos en la trama de nuestras vidas, sino participantes activos y conscientes en el proceso creativo. Este concepto se entrelaza con la idea de prosperidad, donde nuestra capacidad para moldear nuestra realidad se vuelve fundamental.

Al ser co-creadores, asumimos un papel activo en la dirección de nuestro destino. Esto comienza con la claridad de lo que deseamos crear en nuestras vidas. Establecer una intención clara es como trazar un mapa detallado que nos guía hacia nuestros objetivos y aspiraciones. En este mapa, cada decisión, acción y elección se convierten en los elementos que dan forma a nuestro viaje hacia la prosperidad.

La consciencia desempeña un papel crucial en este proceso. Ser conscientes de nuestras metas, valores y propósitos nos permite alinear nuestras acciones con lo que realmente queremos manifestar en nuestras vidas. La alineación con nuestros propósitos actúa como un imán que atrae las circunstancias y oportunidades que nos acercan a la prosperidad que buscamos.

Cuando nos embarcamos en el viaje de ser co-creadores conscientes, descubrimos que el universo responde de maneras sorprendentes. A veces, estas respuestas pueden parecer casi milagrosas. Circunstancias inesperadas se alinean, encuentros fortuitos suceden, y oportunidades se presentan de manera sincrónica. Este fenómeno se atribuye a la interconexión entre nuestra energía consciente y la energía universal, creando un flujo que favorece la manifestación de nuestros deseos.

La prosperidad sin límites se revela cuando reconocemos nuestra capacidad para co-crear y nos comprometemos a este proceso con intención y consciencia. Este enfoque no solo se limita a la obtención de bienes materiales, sino que se extiende a la plenitud en todas las áreas de la vida: salud, relaciones, desarrollo personal y espiritual.

Al abrazar nuestro papel como co-creadores, trazamos el camino hacia una prosperidad que va más allá de los límites convencionales. Esta perspectiva nos invita a explorar nuestras capacidades creativas y a ser conscientes de la interconexión entre nuestras intenciones y la respuesta del universo. En este viaje de co-creación consciente, descubrimos que la prosperidad es un flujo continuo, moldeado por nuestras decisiones, acciones y, sobre todo, por nuestra capacidad de imaginar y manifestar un futuro lleno de posibilidades infinitas.

Al reconocer nuestro papel activo en la creación de nuestra realidad, asumimos la responsabilidad de nuestras decisiones y acciones. Esto nos libera de la sensación de ser víctimas de circunstancias externas y nos otorga el poder de influir en nuestro destino.

La fe como ingrediente vital para co-crear

La fe es un ingrediente vital en el proceso de co-creación. Debemos creer en la posibilidad de lograr nuestros objetivos, incluso cuando las circunstancias sean desafiantes. La persistencia es la fuerza que nos impulsa a seguir adelante a pesar de los obstáculos. La combinación de fe y persistencia nos lleva más allá de los límites autoimpuestos.

CAPÍTULO 5: PROSPERIDAD EN TERCERA DIMENSIÓN

En la travesía de la existencia, nos encontramos inmersos en un vasto espectro de experiencias que van más allá de lo meramente físico. Para comprender plenamente nuestra realidad, es esencial desplegar un enfoque que abrace la complejidad y la interconexión de nuestras dimensiones más profundas: del espíritu, el alma y el cuerpo. Nos transportaremos en un viaje de descubrimiento en el mundo tridimensional que constituye nuestra esencia. Desde la vitalidad del cuerpo hasta la riqueza emocional del alma y la trascendencia espiritual, exploraremos cómo estas dimensiones interactúan, se influyen mutuamente y dan forma a nuestra experiencia de la prosperidad. Esta exploración va más allá de lo tangible, abrazando la riqueza de nuestro ser en un fascinante recorrido por el mundo 3D del ser.

A menudo nos encontramos con un territorio interior vasto y enigmático que merece nuestra atención y cuidado. Este territorio es el ser humano en su totalidad, compuesto por tres dimensiones interconectadas; el nivel físico, el nivel emocional y el espiritual. Cada una de estas dimensiones es una pieza fundamental del rompecabezas que es nuestra existencia, y encontrar el equilibrio entre ellas es clave para vivir en un estado de prosperidad ilimitada.

Cada dimensión se entrelaza con las demás y ¿cómo podemos nutrirlas y fortalecerlas para liberar nuestro potencial máximo? Ya sea que estés al comienzo de tu viaje espiritual o que busques perfeccionar tu entendimiento de estas dimensiones, encontrarás inspiración y orientación para avanzar en tu búsqueda de prosperidad.

Dimensión espiritual

El espíritu es la fuente de nuestra conexión con la eternidad, la chispa de conciencia que nos impulsa a explorar lo desconocido. El espíritu anhela la elevación, busca una comprensión más profunda y se alza como un ave libre en busca de horizontes infinitos. En lo más profundo de nuestro ser reside un elemento sobrenatural, una chispa de luz que nos conecta con el universo y que es la fuente misma de nuestra existencia. Es el espíritu, el componente más elevado de nuestra trinidad interna, que desempeña un papel crucial en nuestra búsqueda de la prosperidad ilimitada. Es esa parte de nosotros que anhela la trascendencia, que busca significado y propósito en la vida. Es la brújula interna que nos guía en nuestro viaje a través de las experiencias humanas. Cuando nos conectamos con nuestro espíritu, comenzamos a comprender que somos mucho más que simples seres físicos en este mundo.

La prosperidad ilimitada es un estado permanente de plenitud y significado en todas las áreas de la vida. Nuestro espíritu busca este significado, y a través de la conexión divina, descubrimos que la prosperidad no es un destino, sino un camino. Existen herramientas poderosas para fortalecer la conexión con nuestro espíritu. En la quietud, encontramos un espacio para escuchar la voz de Dios. Nos permite comunicarnos y expresar nuestras intenciones. De igual forma, actúa como puente que conecta nuestro espíritu con un fluir más elevado. Confiamos en que hay un propósito más grande en nuestra existencia y que somos apoyados en nuestro camino hacia la prosperidad.

La búsqueda de prosperidad ilimitada nos lleva a la trascendencia de las limitaciones terrenales. Comprendemos que nuestra existencia tiene un propósito eterno. Al abrazar esta verdad, encontramos una prosperidad que no conoce fronteras.

En este viaje hacia la prosperidad ilimitada, nuestro espíritu es el faro que nos guía y la brújula que nos orienta. "El espíritu se asemeja a una antena de transmisión que establece una conexión directa entre nosotros y la divinidad". Al igual que una antena capta señales invisibles, nuestro espíritu se sintoniza con las energías y la sabiduría del universo. Actúa como un canal a través del cual fluyen inspiración, orientación y fuerza desde lo divino hacia nuestras vidas.

Como una antena, el espíritu es capaz de sintonizarse con frecuencias superiores, permitiéndonos acceder a una comprensión más profunda y a una percepción más elevada. Esta conexión es esencial en nuestro viaje hacia la prosperidad sin límites, ya que nos brinda la sabiduría y la inspiración necesarias para alcanzar nuestros objetivos y sueños.

Además, al igual que una antena necesita estar en buena forma y libre de interferencias para funcionar de manera óptima, nuestro espíritu también requiere cuidado y atención. Realizar prácticas que refuerzan nuestra espiritualidad es el mantenimiento de una antena que garantiza una conexión clara y fuerte.

En "Prosperidad sin límites", exploramos cómo nuestro espíritu actúa como una antena sensible que nos permite sintonizar con las frecuencias de la prosperidad, la abundancia y la plenitud. Al comprender y nutrir esta conexión, podemos experimentar una prosperidad que no conoce limitantes, ya que se origina en la fuente divina y fluye a través de nuestro ser hacia todas las áreas de nuestra vida.

Dimensión emocional

Las emociones son como el reflejo de un lago sereno en una noche estrellada. Es el depósito de nuestras emociones, deseos y experiencias. Busca la paz interior y anhela la armonía. Las emociones se generan a nivel del alma y son el puente y punto de conexión entre el espíritu y el cuerpo, y su tarea es la de reconciliar las aspiraciones divinas del espíritu con las demandas terrenales del cuerpo con la gestión adecuada de las emociones.

Nuestras emociones no son entidades separadas; están intrincadamente conectadas. Cuando nuestras emociones fluyen en armonía con nuestro espíritu, creamos un canal claro hacia lo divino y, por ende, hacia la prosperidad ilimitada.

La gestión de las emociones es una habilidad esencial en la búsqueda de la prosperidad y la plenitud en la vida. A menudo, las personas pueden sentir la tentación de anular o reprimir sus emociones, especialmente aquellas que consideran negativas o incómodas. Sin embargo, es importante comprender que nuestras emociones son una parte fundamental de nuestra experiencia humana y que no deberían ser anuladas, sino gestionadas de manera saludable y constructiva. La autenticidad emocional es la clave para liberar el potencial en nuestro camino hacia la prosperidad. Cuando nos permitimos sentir y expresar nuestras emociones de manera auténtica, nos liberamos de las cadenas que limitan nuestra conexión con lo divino. La autenticidad nos lleva a un estado de fluidez y apertura, donde la prosperidad fluye naturalmente.

A medida que aprendemos a navegar por el mar de nuestras emociones y a alinearlas con nuestro espíritu y cuerpo, todos los aspectos de nuestra existencia crecen y se elevan a dimensiones de prosperidad. Nos convertimos en seres emocionalmente resilientes, capaces de enfrentar los desafíos de la vida con gracia y determinación.

La unificación de lo espiritual, emocional y lo físico es esencial para alcanzar la prosperidad ilimitada. Cuando nuestras emociones están en armonía con nuestro espíritu y nuestro cuerpo, creamos un flujo constante de energía que nos impulsa hacia nuestros objetivos. La prosperidad se convierte en una manifestación natural de nuestra alineación interna.

Dimensión física

"¿O ignoráis que vuestro cuerpo es templo del Espíritu Santo, el cual está en vosotros, el cual tenéis de Dios, y que no sois vuestros?" 1 Corintios 6:19

El cuerpo, esta maravillosa máquina biológica que alberga nuestra existencia, es el templo de nuestra alma y el vehículo de nuestro espíritu en esta realidad terrenal. El cuerpo anhela salud y bienestar y está en sintonía con el mundo tangible que nos rodea. Cada célula, cada músculo, está conectado con el vasto ecosistema del planeta Tierra. Nuestro cuerpo es el vehículo que nos permite experimentar el mundo físico y todas las maravillas que lo componen. Cada sensación, cada experiencia, se filtra a través de nuestro cuerpo, y es a través de él que interactuamos con el entorno que nos rodea. Esta conexión íntima con el mundo material es una parte esencial de nuestra existencia y una oportunidad para crecimiento y evolución.

El cuidado y el respeto por nuestro cuerpo son actos de gratitud por la maravillosa experiencia de la vida. Mantener una buena salud física implica una alimentación adecuada, ejercicio, descanso y un equilibrio entre el trabajo y el ocio. Al cuidar de nuestro cuerpo, estamos honrando el regalo de la existencia y asegurando que esté en las mejores condiciones para albergar nuestro espíritu y alma. Nuestro cuerpo es el instrumento a través del cual manifestamos nuestras intenciones y acciones en el mundo. Cada movimiento, cada palabra, es una expresión de nuestro ser.

A medida que aprendemos a alinear nuestras acciones con nuestro espíritu y alma, creamos un canal claro para manifestar nuestros deseos y objetivos. La salud física está intrínsecamente ligada a la prosperidad ilimitada. Un cuerpo fuerte y vital es un vehículo poderoso para la manifestación de nuestros sueños. La energía que proviene de un cuerpo sano nos permite avanzar con determinación hacia nuestros objetivos y superar desafíos con agilidad.

El cuerpo humano es un sintonizador de las energías celestiales

La belleza de la experiencia humana se manifiesta en la diversidad de formas y cuerpos. Aprender a aceptar y amar nuestro cuerpo tal como es, es un acto de autocompasión y aceptación de la creación divina… La belleza no reside en la apariencia externa, sino en la autenticidad y la autoaceptación.

A lo largo de la historia, la sociedad ha tratado de moldear y definir estándares de belleza basados en la apariencia externa, pero la auténtica belleza trasciende los confines de lo superficial.

Cada uno de nosotros es un ser único y especial, moldeado por una mezcla única de genes, experiencias y circunstancias. En esta unicidad radica la autenticidad de nuestra existencia. La belleza auténtica se encuentra en la celebración de nuestras peculiaridades y en el reconocimiento de que la verdadera plenitud no proviene de la perfección externa, sino de la armonía interna. Cuando abrazamos quiénes somos, cuando aprendemos a amar y respetar nuestro cuerpo, estamos honrando la creación divina en su forma más pura.

La belleza se manifiesta en la sonrisa que ilumina el rostro de alguien cuando está en paz consigo mismo, en la mirada de compasión que brinda a los demás, en la chispa de autenticidad que irradia de aquellos que han aceptado y amado su ser en su totalidad. Esta belleza va más allá de los estándares de moda o de la imagen que se promociona en los medios; es la luz interior que brilla intensamente cuando nos alineamos con nuestra verdadera esencia.

La búsqueda de la belleza auténtica no radica en la modificación de nuestro aspecto físico para cumplir con ideales preconcebidos, sino en la exploración y celebración de lo que nos hace únicos. Al aceptar nuestra singularidad y aprender a amarnos incondicionalmente, encontramos un reflejo de la divinidad en cada parte de nosotros.

Cabe destacar que nuestro exterior, el cuerpo que habitamos, actúa como un espejo fiel que refleja la condición de nuestro mundo interior, el espíritu que nos anima. Cada expresión facial, postura y gesto no solo revela nuestro estado emocional, sino también la armonía o discordia que prevalece en nuestro mundo interior. Así como un espejo revela nuestra apariencia física, nuestro cuerpo refleja las huellas de nuestras experiencias, pensamientos y emociones internas, creando una conexión íntima entre el ser exterior y el mundo espiritual que lo impulsa.

En esta conexión íntima, reconocemos que las enfermedades que se manifiestan en nuestro cuerpo son el resultado de la condición de nuestro mundo interior. Las dolencias físicas a menudo son reflejos de desequilibrios emocionales, estrés o conflictos internos no resueltos. Esta comprensión profundiza la importancia de cuidar nuestro bienestar emocional y espiritual, ya que afecta directamente nuestra salud física.

Este enfoque holístico nos insta a considerar nuestro cuerpo como un indicador sensible de nuestro estado interno. Al atender la salud de nuestro mundo espiritual, estamos, de manera simultánea, nutriendo la vitalidad y el equilibrio de nuestro cuerpo. Esta conexión estrecha entre el ser interior y el cuerpo exterior nos recuerda que la atención integral a nuestra salud implica abordar tanto los aspectos físicos como los emocionales, reconociendo que la curación completa se origina desde adentro hacia afuera.

Algunos estudios sugieren que ciertas condiciones de salud pueden tener un componente psicosomático, donde los factores emocionales o espirituales desempeñan un papel en la manifestación de síntomas físicos.

Por ejemplo, estudios han explorado la conexión entre el estrés emocional y condiciones como enfermedades cardiovasculares, trastornos gastrointestinales y problemas dermatológicos. La investigación en el campo de la psiconeuroinmunología también ha examinado cómo las emociones y el sistema inmunológico interactúan.

Es importante tener en cuenta que la salud es un fenómeno complejo y multifacético, y no todas las enfermedades tienen un origen psicosomático claro.

En última instancia, la belleza auténtica es un recordatorio de que estamos todos interconectados en esta experiencia humana. Al aceptarnos y amarnos, extendemos una invitación a los demás para que hagan lo mismo. La belleza auténtica es como una luz en un mundo que a menudo se enfoca en la superficialidad, un recordatorio de que la verdadera belleza proviene de la autenticidad y la conexión con lo divino que reside en el interior de cada uno de nosotros.

Cuando nuestro cuerpo está en sintonía con nuestro espíritu, creamos una armonía interna que nos impulsa hacia nuestros objetivos. La prosperidad se convierte en una manifestación natural de esta alineación.

¿Qué consecuencias implica descuidar el cuerpo?

"¿No sabéis que sois templo de Dios, y que el Espíritu de Dios mora en vosotros?" Si alguno destruyere el templo de Dios, Dios le destruirá a él; porque el templo de Dios, el cual sois vosotros, santo es.

1 Corintios 3:16-17 RVR1960

Algunos pasajes bíblicos nos ofrecen serias advertencias sobre el cuidado del cuerpo humano como un templo de Dios. En estas palabras, se subraya la profunda conexión entre la fe y la salud del individuo. Aquí hay una ampliación de esa idea:

La afirmación inicial, "¿No sabéis que sois templo de Dios, y que el Espíritu de Dios mora en vosotros?". Resalta la creencia de que cada persona es un receptor divino. La presencia del Espíritu Santo dentro de nosotros simboliza la importancia de mantener nuestro cuerpo en un estado puro y saludable, ya que es el lugar donde Dios deposita su esencia.

La segunda parte del pasaje es aún más enfática

"Si alguno destruyere el templo de Dios, Dios le destruirá a él; porque el templo de Dios, el cual sois vosotros, santo es". Esta declaración advierte que el descuido del cuerpo no solo tiene implicaciones físicas, sino también espirituales. Aquellos que dañen o descuiden su cuerpo están yendo en contra de la voluntad de Dios y pueden enfrentar consecuencias divinas. La palabra "santo" subraya la pureza y la reverencia que debemos mantener en nuestro ser, ya que somos considerados templos sagrados. Estos versículos bíblicos son un llamado a la responsabilidad de cuidar el cuerpo como un acto de adoración a Dios y como un recordatorio de la conexión entre la salud física y espiritual. Descuidar el cuerpo puede tener graves implicaciones tanto en la vida terrenal como en la vida espiritual.

CAPÍTULO 6: LOS 5 PILARES PARA UNA VIDA PRÓSPERA

"Amado, yo deseo que tú seas prosperado en todas las cosas, y que tengas salud, así como prospera tu alma".

3 Juan 1:2

El deseo es la clave de tus resultados

En el universo de las posibilidades, el deseo es la llave dorada que desbloquea las puertas de nuestros sueños Como una llave maestra, el deseo no solo gira las cerraduras del destino, sino que también ilumina el camino, revelando la belleza de lo alcanzable. Cada vuelta de la llave es un paso más hacia la realización, y en su resonar, descubrimos la melodía de los logros esperados. El deseo, la llave que transforma el jardín de posibilidades en nuestro propio paraíso de realizaciones.

Debe existir un deseo por alcanzar la prosperidad; el deseo es un impulso poderoso que motiva a las personas a buscar un estado de bienestar, abundancia y éxito en todas las áreas de sus vidas. Este deseo es una fuerza que nos impulsa a tomar acción, superar obstáculos y alcanzar nuestros objetivos.

El deseo de prosperidad implica un anhelo profundo de vivir una vida plena y satisfactoria, donde seamos capaces de satisfacer nuestras necesidades materiales, emocionales y espirituales. Es el deseo de experimentar la seguridad financiera, tener oportunidades para crecer y desarrollarnos, y alcanzar nuestros sueños y aspiraciones.

Este deseo de prosperidad puede manifestarse en diferentes áreas.

El deseo de prosperidad nos impulsa a tomar acciones concretas para alcanzar nuestros objetivos. Nos inspira a adquirir conocimientos, desarrollar habilidades, establecer metas claras y tomar medidas consistentes para lograr el éxito. A través de este deseo, nos desafiamos a nosotros mismos, superamos los obstáculos y nos mantenemos enfocados en nuestro camino hacia la prosperidad.

¿Qué es el deseo?

La mejor descripción del deseo somos nosotros mismos, somos deseo en movimiento. Es una cualidad de la naturaleza humana; es una poderosa fuerza impulsora que surge de nuestras necesidades, aspiraciones y anhelos internos. Se puede definir como una emoción o anhelo intenso de obtener, lograr o experimentar algo que percibimos como valioso o satisfactorio para nosotros.

Existen diferentes formas de categorizar el deseo.

Deseos materiales: Estos deseos se refieren a la búsqueda de bienes materiales y tangibles, como posesiones, riqueza, comodidades y lujos. Pueden incluir deseos de adquirir una casa, un automóvil, dispositivos electrónicos, ropa de marca, entre otros.

Deseos de logro y éxito: Estos deseos se relacionan con el éxito en la carrera, los logros personales, el reconocimiento y la fama.

Pueden incluir el deseo de alcanzar una posición laboral elevada, obtener reconocimiento profesional, lograr metas específicas o alcanzar la excelencia en una determinada área.

Deseos de relaciones y amor: Estos deseos se centran en el deseo de tener relaciones amorosas, familiares y amistades significativas y satisfactorias. Pueden incluir el deseo de encontrar una pareja compatible, formar una familia, tener amigos leales y disfrutar de relaciones interpersonales sólidas y saludables.

Deseos de bienestar y salud: Estos deseos se relacionan con la búsqueda de un estado de bienestar físico y mental óptimo. Pueden incluir el deseo de tener buena salud, mantener una forma física adecuada, disfrutar de niveles de energía elevados y experimentar un equilibrio emocional y mental.

Deseos espirituales y de crecimiento personal: Estos deseos se refieren a la búsqueda de un crecimiento personal, desarrollo espiritual, conexión con algo trascendental y la búsqueda de significado y propósito en la vida. Pueden incluir el deseo de encontrar paz interior, cultivar la sabiduría, explorar la espiritualidad y vivir de acuerdo con valores profundos.

Independientemente de la perspectiva que uno pueda tener sobre la naturaleza del deseo, es esencial tener en cuenta las dos fuerzas fundamentales que lo impulsan, arrojando luz sobre ellas y proporcionando una comprensión más profunda de su papel crucial en la experiencia humana. En este contexto, destacan dos formas primordiales de deseo, cada una con su propia influencia distintiva en la vida del individuo.

El deseo que nace del ego: Este tipo de anhelo suele derivarse de necesidades individuales, impulsos auto afirmativos y la búsqueda de gratificación personal. Es una fuerza que, en ocasiones, puede llevar a la competencia, la acumulación desmedida y la satisfacción efímera. Comprender este aspecto del deseo implica reflexionar sobre cómo nuestras aspiraciones individuales pueden estar vinculadas a la autoimagen y la validación externa. El ego se define como la parte de nosotros mismos que está centrada en el yo individual y en la identificación con las necesidades y deseos materiales. Es considerado como una ilusión que nos separa de nuestra verdadera esencia y de nuestra conexión con el universo y los demás seres.

En lo mencionado anteriormente, es todo lo que gira alrededor de nosotros, todo lo que deseamos para satisfacer nuestros instintos; sabemos que no tiene nada de malo desear cosas para nuestro uso personal, pero más allá de satisfacer nuestros anhelos, debemos internalizar la verdadera razón por la cual deseamos lo que deseamos.

El deseo que nace del amor: En contraste, se revela el segundo tipo de deseo. Este impulso es más altruista y orientado hacia los demás, manifestándose en la conexión, la compasión y el servicio. El deseo alimentado por el amor busca el bienestar colectivo, fomentando relaciones saludables, empatía y una sensación más profunda de propósito. Explorar esta faceta del deseo implica considerar cómo nuestras aspiraciones pueden contribuir al bien común y nutrir conexiones significativas con los demás.

Amado, yo deseo que tú seas prosperado en todas las cosas, y que tengas salud, así como prospera tu alma.

3 Juan 1:2

No se trata de mí. ¡La prosperidad plena se alcanza a través del servicio a los demás! En nuestra búsqueda de prosperidad y plenitud, a menudo tendemos a enfocarnos en nosotros mismos, en nuestros deseos, metas y logros personales. Sin embargo, descubrir la verdadera prosperidad debe superar nuestra propia existencia y se encuentra en el servicio y la contribución hacia los demás... Exploraremos la idea de que desarrollar una vida de prosperidad plena no vendrá por causa de nosotros mismos, sino por causa de otros.

La sociedad nos ha enseñado que el éxito y la prosperidad están vinculados a nuestro propio logro personal y acumulación de riqueza y poder. Sin embargo, la experiencia y la sabiduría nos demuestran que la verdadera prosperidad se encuentra en la capacidad de impactar positivamente la vida de todas las personas. Es en el acto de servir a los demás que descubrimos una fuente inagotable de satisfacción y realización.

Cuando nos enfocamos únicamente en nuestros propios intereses, nuestras vidas pueden volverse vacías y carentes de propósito. Pero al dirigir nuestra atención hacia otros y ofrecer nuestro tiempo, habilidades y recursos en beneficio de ellos, encontramos un sentido más profundo de conexión y significado en nuestras vidas.

El servicio no solo beneficia a aquellos a quienes ayudamos, sino que también nos enriquece a nivel personal. Al brindar apoyo, amor y compasión, experimentamos una gratitud y satisfacción genuinas que trascienden los límites de nuestras propias preocupaciones.

La clave para desarrollar una vida de prosperidad plena radica en cambiar nuestra mentalidad de "¿qué puedo obtener?" a "¿cómo puedo servir?". No se trata de buscar solo nuestro beneficio personal, sino de comprender que nuestra verdadera prosperidad está intrínsecamente ligada a la prosperidad de los demás individuos.

Las cosas que anhelamos que se convertirán para el beneficio de los demás, es aquello que por The fault nos dará satisfacción, aunque lo recibamos para dárselo a otros, está conectado con el dar, el dar es una práctica espiritual que nos conecta con la energía divina y nos ayuda a trascender el egoísmo y la separación. Al dar, nos abrimos a la abundancia del universo y creamos un flujo de energía positiva en nuestras vidas y en el mundo.

El dar no se limita únicamente a donaciones materiales, sino que también abarca dar amor, comprensión, apoyo emocional y tiempo. Se trata de estar presente para aquellos que lo necesitan y contribuir al bienestar y la felicidad de la humanidad. Cuando damos sin esperar nada a cambio, generamos una reacción en cadena de bendiciones y abundancia en nuestra propia vida. Al practicar el dar de manera consciente y generosa, nos alineamos con el propósito espiritual y contribuimos a la elevación. El dar nos coloca en la posición perfecta para recibir. porque "Más bienaventurado es dar que recibir". Hechos 20:35, es un recordatorio de nuestra interconexión y de la importancia de compartir nuestra luz y amor con el mundo.

Al reconocer estas dos fuerzas fundamentales, no solo ganamos perspicacia sobre la diversidad del deseo, sino que también nos embarcamos en un viaje para comprender cómo equilibrar y armonizar estas fuerzas en nuestra vida diaria. La sabiduría radica en cultivar un discernimiento consciente sobre la naturaleza de nuestros deseos, permitiéndonos forjar una relación más equilibrada y plena con ellos en el camino hacia una vida con mayor significado.

Es una forma de generar luz permanente

El deseo de dar y recibir nos enseña a generar una luz divina permanente al conectarnos con nuestra verdadera esencia espiritual.

Cuando practicamos el dar desinteresado, estamos expresando el amor y la compasión divina que reside en nuestro interior. Nos alineamos con el propósito más elevado de nuestra existencia.

Esta energía se convierte en una luz divina que ilumina tanto al dador como al receptor, creando un impacto positivo en el mundo.

Al generar esa luz permanente a través del dar y recibir, implica cultivar una actitud de servicio desinteresado, compasión y gratitud en nuestras vidas diarias. Al hacerlo, nos convertimos en canales para la luz divina, iluminando nuestro propio camino y el de los demás.

Los 5 niveles de dar y recibir

En Los 5 Niveles del Dar y Recibir, descubriremos que cada individuo lleva consigo una combinación única de estas cinco características. Desde aquellos que reciben por el simple acto de recibir hasta aquellos que dan con la expectativa de recibir, cada nivel revela aspectos distintivos de nuestras relaciones. Estas dinámicas interpersonales connotan características que modelan y definen las conexiones que compartimos en nuestro viaje colectivo.

Nivel 1: Recibir por recibir: recibir para mí mismo (egocentrismo, egoísmo, egolatría)

Recibir solo por el hecho de recibir, sin considerar las intenciones ni las implicaciones espirituales, se conoce como "receptar por sí mismo" o "receptar egoísta". Esta actitud de recibir sin considerar las consecuencias puede llevar a un desequilibrio y al alejamiento de nuestra verdadera naturaleza espiritual. Recibir por recibir podría estar asociado con el comer del pan de la vergüenza. El término "pan de la vergüenza" es una metáfora que se utiliza en algunos contextos para referirse a recibir algo sin merecerlo o sin haber hecho ningún esfuerzo para obtenerlo. Implica una sensación de vergüenza o incomodidad al recibir algo sin haber hecho nada para ganárselo.

El pan de la vergüenza en relación con "recibir por recibir" Sin embargo, recibir solo por el placer personal y sin considerar los aspectos espirituales puede llevar al egoísmo, al apego excesivo y al desequilibrio en nuestras vidas. Las escrituras sagradas nos instan a ser conscientes de nuestras intenciones al recibir y a buscar un equilibrio entre dar y recibir.

Nivel 2: Dar por recibir: Doy esperando a cambio

Los textos sagrados a menudo enfatizan la importancia de dar desinteresadamente sin esperar recibir algo a cambio. Estas enseñanzas promueven la generosidad, la compasión y el altruismo como virtudes esenciales en la vida espiritual.

En muchas tradiciones, se enfatiza que dar con un corazón puro y desinteresado es una forma de conectar con lo divino y de expresar amor hacia los demás. Se considera un acto de servicio y un medio para cultivar el amor y la bondad en el mundo.

Los textos sagrados a menudo resaltan que las recompensas pueden venir de fuentes inesperadas y en momentos imprevistos cuando damos sin esperar algo a cambio. En lugar de buscar gratificaciones materiales o beneficios egoístas, se enfatiza que la verdadera recompensa está en el acto mismo de dar y en el impacto positivo que tiene en los demás.

Estas enseñanzas nos invitan a superar nuestras propias necesidades y deseos egoístas, y a centrarnos en el bienestar y la felicidad de los demás. Al dar sin esperar recibir algo específico a cambio, nos abrimos a la posibilidad de experimentar satisfacción y plenitud en el acto de dar en sí mismo.

Nivel 3: Dar sólo por dar.

Debemos aprender a recibir de los demás sin necesidad de sentirnos avergonzados o incómodos por este hecho.

Recuerdo haber elogiado a un amigo por unos tenis que él acababa de comprar. En realidad me parecieron lindos; mi amigo sin pensarlo dos veces me preguntó: ¿te gustarían unos iguales? Yo, ni lerdo ni perezoso, le contesté "claro que sí", la verdad pensé que él estaba bromeando; cuando me preguntó la talla sentí que la cosa era más seria. Pasaron los días cuando recibí un texto de mi amigo preguntándome a dónde no veríamos para hacerme entrega de las zapatillas; la verdad me sorprendió. Cuando nos encontramos y me hizo entrega de los tenis, me embargó una profunda vergüenza. Me di cuenta que sólo sabía dar y no había aprendido a recibir. Una voz interior me dijo: toma el obsequio y aprende a recibir.

Existe un equilibrio entre dar y recibir; si solo nos enfocamos en dar y no hemos aprendido a recibir adecuadamente, podemos experimentar un desequilibrio en nuestras vidas y bloquear el flujo de la prosperidad en nosotros y en nuestro entorno.

Cuando solo nos centramos en dar y no nos permitimos recibir de los demás, podemos caer en patrones de autosuficiencia excesiva o negar nuestras propias necesidades. Esto puede llevar a la fatiga, la falta de equilibrio y la sensación de estar agotados emocional y espiritualmente.

Recibir es tan importante como dar. Aprender a recibir de manera consciente y agradecida nos permite nutrirnos, recibir apoyo, amor y abundancia en nuestras vidas. Al recibir con gratitud, abrimos la puerta a un flujo armonioso de energía y amor en nuestras vidas.

Es importante recordar que recibir no implica egoísmo o dependencia, sino reconocer nuestra propia valía y permitir que otros nos brinden su amor y apoyo. Al equilibrar el dar y el recibir, podemos cultivar relaciones saludables, aprender lecciones importantes y abrirnos a las bendiciones que el universo tiene reservadas para nosotros.

Nivel 4: Recibir por dar: es el nivel más altruista del dar y recibir.

Recibir por el hecho de dar, se refiere a una actitud espiritual en la cual se reconoce que el acto de dar en sí mismo es una recompensa y una forma de recibir.

En lugar de esperar algo específico a cambio por nuestras acciones, recibir por el hecho de dar implica encontrar satisfacción y plenitud en el acto de dar en sí mismo. Al dar, desde un lugar de amor incondicional y desinteresado, nos abrimos a una conexión más profunda con lo divino y con los demás.

Cuando damos sin expectativas ni condiciones, permitimos que la energía fluya libremente y se generen bendiciones en nuestra vida. Al dar sinceramente, creamos un ciclo virtuoso donde el acto de dar se convierte en una fuente de alegría, gratitud y crecimiento espiritual.

Reconocer que el acto de dar en sí mismo es una forma de recibir nos libera del apego a los resultados y nos ayuda a cultivar una actitud de desapego y generosidad.

Nivel 5: Dar por recibir: El ciclo virtuoso.

El ciclo virtuoso del dar y recibir se cierra con este último nivel. Este genera un flujo continuo de energía positiva que se crea cuando se practica tanto el dar como el recibir de manera equilibrada y desinteresada.

Al recibir con gratitud y apreciación, se completa el ciclo, permitiendo que la energía de dar se renueve y fluya nuevamente.

El dar desinteresado y generoso crea una vibración positiva en nuestras vidas y en las vidas de los demás.

Cuando las personas reciben de nosotros con gratitud y apreciación, se crea un ambiente de reciprocidad y prosperidad. Esta actitud de recibir con gratitud no solo nos permite aceptar el regalo que se nos ofrece, sino que también nutre a quienes nos dieron, generando un sentimiento de satisfacción y alegría en ambas partes.

El ciclo virtuoso del dar y recibir es beneficioso tanto a nivel individual como colectivo. A nivel personal, nos permite experimentar una sensación de propósito y bienestar. A nivel colectivo, fortalece las relaciones, fomenta la solidaridad y contribuye a la creación de una sociedad más armoniosa y compasiva. Es importante destacar que este ciclo virtuoso se basa en la generosidad desinteresada y la gratitud sincera.

Cuando existe el amor en nuestro corazón, nos volvemos más dispuestos a dar y recibir por el simple hecho de dar. El amor nos libera del egoísmo y nos permite conectarnos con nuestra esencia más elevada, generando un flujo constante de energía positiva en nuestras vidas y en el mundo que nos rodea.

Al practicar el dar desinteresado y recibir con gratitud, creamos un ciclo que fortalece nuestras relaciones, fomenta la generosidad y nutre nuestro espíritu. En este ciclo, el acto de dar se convierte en una fuente de alegría y plenitud, mientras que el recibir con gratitud nos abre a las bendiciones y oportunidades que el universo tiene para ofrecernos.

A través de este proceso de dar y recibir desde el amor, generamos una luz divina permanente en nuestras vidas y las de los demás. Esta luz nos ilumina en nuestro camino y nos conecta con nuestra esencia espiritual más profunda. Nos convierte en canales para la energía divina, irradiando amor, compasión y bondad hacia el mundo.

Amado, yo deseo que tú seas prosperado en todas las cosas, y que tengas salud, así como prospera tu alma.

3 Juan 1:2

Prosperidad plena: cuando comprendamos que el rango de alcance de la prosperidad es más amplio de lo que nosotros pensamos y que abarca más que solo lo financiero, entonces veremos los verdaderos milagros ocurriendo a nuestro alrededor.

Ser prosperado en todas las cosas implica experimentar un estado de bienestar y abundancia holístico, incluyendo la salud física, la prosperidad material y el crecimiento espiritual.

Aquí Juan expresa su deseo de que el receptor sea prospero en todas las áreas de su vida. Esto incluye tanto aspectos tangibles como la salud y la prosperidad material, como también aspectos intangibles relacionados con el bienestar espiritual y emocional.

Ser prosperado en todas las cosas implica armonía en cada área de nuestra vida. No significa necesariamente una ausencia total de dificultades o desafíos, pero implica encontrar un estado de bienestar y satisfacción en medio de ellos. Es experimentar una plenitud y una gracia divina que nos fortalece y nos guía en todas las circunstancias.

Dios no es algo que lo es todo. La idea de ser prosperado en todas las cosas se relaciona estrechamente con la plenitud y la noción de que Dios no es simplemente algo, sino que es todo lo que existe. Al buscar la prosperidad en todas las áreas de la vida, se reconoce la conexión integral con la divinidad. Esta prosperidad abarca no solo aspectos materiales, sino también la plenitud espiritual, emocional y relacional.

"Él es la imagen del Dios invisible, el primogénito de toda creación. Porque en él fueron creadas todas las cosas, las que hay en los cielos y las que hay en la tierra, visibles e invisibles; sean tronos, sean dominios, sean principados, sean potestades; todo fue creado por medio de él y para él. Y él es antes de todas las cosas, y todas las cosas en él

subsisten; y él es la cabeza del cuerpo que es la iglesia, él que es el principio, el primogénito de entre los muertos, para que en todo tenga la preeminencia; por cuanto agradó al Padre que en él habitase toda plenitud. Colosenses 1:15-19 RVR1960

Al comprender que Dios no es simplemente una parte de la existencia, sino la esencia misma de todo, se establece una perspectiva plena. Procurar la prosperidad en todas las cosas implica reconocer la presencia divina en cada aspecto de la vida, desde las bendiciones materiales hasta las experiencias espirituales y emocionales.

La plenitud se encuentra al alinear nuestras vidas con la voluntad divina y permitir que la prosperidad fluya en todos los aspectos, recordando que Dios no es solo un componente separado, sino la fuerza unificadora que impulsa cada faceta de nuestra existencia. En este enfoque integral, la prosperidad no se limita a lo material, sino que se extiende a una conexión profunda con la divinidad que trasciende las fronteras de lo tangible y lo intangible.

"Amado, yo deseo que tú seas prosperado en todas las cosas, y que tengas salud, así como prospera tu alma".

3 Juan 1, 2.

Concepto de salud integral

Cuando abordamos el concepto de salud, no nos limitamos únicamente a la salud física o corporal. En la actualidad, estudios recientes han revelado la estrecha interconexión entre la salud física, emocional y espiritual. Este enfoque integral reconoce que las enfermedades psicosomáticas, aquellas originadas por nuestros pensamientos arraigados en la mente subconsciente, desempeñan un papel crucial en nuestro bienestar general. La comprensión de esta interrelación nos invita a explorar más allá de los síntomas físicos, reconociendo la influencia significativa que nuestra salud mental y espiritual ejercen sobre nuestro estado físico.

La mente subconsciente opera como un depósito de creencias, experiencias y patrones de pensamiento que a menudo se forman en etapas tempranas de la vida. Estos pensamientos, aunque en gran medida fuera de nuestra conciencia diaria, tienen un impacto significativo en nuestra salud. Por ejemplo, el estrés crónico, generado por pensamientos negativos persistentes, puede desencadenar respuestas físicas adversas, afectando órganos y sistemas del cuerpo.

Entender cómo opera la mente subconsciente nos brinda la oportunidad de explorar más profundamente los vínculos entre nuestras emociones, pensamientos y bienestar físico. Al abordar y transformar patrones de pensamiento negativos, podemos fomentar un equilibrio integral que contribuya a la salud en su sentido más amplio.

"Amado, yo deseo que tú seas prosperado en todas las cosas, y que tengas salud, así como prospera tu alma".

3 Juan 1, 2.

Los 5 niveles del alma

El alma, dentro de la trinidad de nuestra existencia, se erige como un puente vital que conecta toda nuestra existencia. Es el asiento de nuestras emociones, la depositaria de nuestras experiencias y la llave de la prosperidad. Nuestra alma es como un espejo que refleja el espectro completo de emociones humanas. Es aquí donde experimentamos la alegría, la tristeza, el amor, el miedo y todo lo que nos hace sentir vivos. Nuestras emociones son las pinturas que crean el paisaje de nuestra existencia, y el alma las atesora como tesoros valiosos. Actúa como intermediaria, transmitiendo las sensaciones a los reinos espirituales y físicos.

El alma, al situarse en el epicentro de nuestra trinidad existencial, no solo refleja las emociones, sino que también se convierte en la fuente desde la cual brota la esencia de nuestra prosperidad. Es una luz interior que guía nuestro camino hacia la plenitud, pues al comprender y nutrir nuestro ser más profundo, encontramos la clave para desbloquear un estado de bienestar integral; el alma no solo nos conecta con lo humano, sino que se convierte en el vínculo sagrado que trasciende lo material y nos conecta con dimensiones más elevadas de la existencia. Cultivar y honrar el alma se revela como el cimiento indispensable para alcanzar una vida plena y próspera.

CAPÍTULO 7: PRINCIPIOS DE PROSPERIDAD INFINITA

En este capítulo profundizaremos sobre los "7 Principios para Prosperar Ilimitadamente". La búsqueda de la prosperidad es un viaje que todos anhelamos emprender en algún momento de nuestras vidas. Se trata de alcanzar un estado de plenitud, equilibrio y satisfacción en todas las áreas de nuestra existencia.

A medida que desentrañamos estos 7 principios, descubriremos que la prosperidad ilimitada no solo es un destino, sino un camino que debemos recorrer con determinación y sabiduría. Cada uno de estos principios actúa como una brújula, guiándonos a través de los desafíos y las oportunidades que encontramos en la vida. Juntos, nos llevarán hacia una comprensión más profunda de lo que significa prosperar y cómo podemos aplicar estos principios en nuestra búsqueda constante de bienestar y éxito. Prepárate para embarcarte en un viaje de autodescubrimiento y crecimiento, donde la prosperidad verdadera es la recompensa.

Principio 1: Reconciliación y unificación

Colosenses 1:20 (RVR): "Y por medio de él reconciliar consigo todas las cosas, así las que están en la tierra como las que están en los cielos, haciendo la paz mediante la sangre de su cruz".

El Llamado a la Reconciliación y Unificación

El sol se alza en el horizonte, pintando el cielo con tonos dorados y rosados, y la naturaleza despierta con un susurro de vida. En esta hora de quietud y posibilidades, el llamado a reconciliarnos y unificar nuestra trinidad interna se hace más claro que nunca. La prosperidad ilimitada se cierne en el aire, lista para ser abrazada por aquellos que estén dispuestos a responder a este llamado divino. Este llamado, en su esencia, es un mensaje ancestral que ha sido transmitido a través de las eras por aquellos que han comprendido la profunda relación entre nuestro espíritu, alma y cuerpo. A menudo, se nos ha enseñado a ver estos aspectos de nuestra existencia como entidades separadas, cada una persiguiendo sus propios objetivos. Sin embargo, en la sabiduría universal, se nos recuerda que somos una tríada sagrada destinada a funcionar en armonía.

Este texto bíblico destaca que como es arriba es abajo; despliega la idea de la reconciliación universal a través de Cristo. En este contexto, la referencia a "todas las cosas, así las que están en la tierra como las que están en los cielos" sugiere una visión integral de la redención. La obra de Cristo, simbolizada por "la sangre de su cruz", no solo tiene un impacto en la humanidad en la tierra, sino que también tiene alcance celestial.

La reconciliación propuesta implica la restauración de la armonía y la paz entre Dios y la creación. La integración de lo terrenal y lo celestial subraya la universalidad y la totalidad de la redención, sugiriendo que el mensaje de Cristo no se limita a una esfera específica, sino que abarca toda la creación. Así, la llamada a la paz a través de la cruz de Cristo impulsa la integración y la unidad en nuestro entorno, fomentando la reconciliación en todos los aspectos de la vida.

La prosperidad, en su forma más completa, eses la abundancia en todos los aspectos de la vida, un estado de ser en el que nuestros anhelos se despliegan como un tapiz de posibilidades infinitas. Este es como un río de energía etérea, fluye a través de nosotros y nos rodea, esperando que seamos los conductores de su poder creativo.

La Danza de la Reconciliación

El llamado a la reconciliación y unificación de estos tres aspectos de nuestra trinidad interna nos motiva a participar en una danza sagrada. En esta danza, el espíritu, el alma y el cuerpo se entrelazan en una coreografía divina. En lugar de luchar unos contra otros, comienzan a colaborar en la creación de una sinfonía de prosperidad ilimitada. La colaboración efectiva entre el espíritu, el alma y el cuerpo es esencial para alcanzar un estado de prosperidad permanente. El espíritu, que conecta con lo divino, proporciona la guía y la visión inspiradora. El alma, que alberga nuestras emociones y propósitos, actúa como el motor impulsor, infundiendo pasión y determinación. El cuerpo, como vehículo terrenal, ejecuta las acciones necesarias.

Cuando el espíritu se alinea con un propósito elevado, el alma lo abraza con entusiasmo y el cuerpo ejecuta acciones coherentes; se establece un flujo armonioso. La búsqueda de la prosperidad implica un estado material óptimo, pero sin dejar atrás el bienestar emocional y espiritual. La colaboración entre estos tres aspectos esenciales de nuestra existencia nos permite superar obstáculos, mantener la perseverancia y crear una realidad próspera y duradera. La integración completa de espíritu, alma y cuerpo nos empodera para manifestar una prosperidad que trasciende los límites temporales y se arraiga en lo ilimitado.

En este estado de reconciliación, nos convertimos en el epicentro de la manifestación. Somos los conductores de una energía cósmica que fluye a través de nosotros, creando la realidad que deseamos experimentar. No somos solo testigos pasivos de la vida; participamos activamente con el mundo espiritual para transformar nuestro entorno.

La reconciliación nos recuerda que no podemos experimentar una prosperidad ilimitada si desatendemos cualquiera de los componentes de nuestra trinidad interna. La armonía entre el espíritu que anhela la elevación, el alma que busca la paz y el cuerpo que anhela la salud es la clave para desbloquear un torrente de posibilidades infinitas. La llamada a la reconciliación y unificación no es un camino fácil, pero es un viaje que nos llevará a descubrir la plenitud de nuestra potencialidad.

Principio 2 Equilibrio es la clave

"Todo desequilibrio atrae más desequilibrio antes de alcanzar el verdadero equilibrio".

Autor: Fermín Bósquez McKenzie

En el intrincado baile de la vida, observamos cómo todo desequilibrio, como un imán de caos, atrae consigo más desarmonía antes de hallar la estabilidad anhelada. Este principio subyacente revela la naturaleza dinámica y evolutiva de nuestras experiencias, sugiriendo que la transición hacia el equilibrio no es un camino lineal, sino más bien un proceso fluido marcado por la interacción constante entre fuerzas opuestas. En este juego de contrarios, la búsqueda de armonía emerge como un viaje que, paradójicamente, abraza momentáneos desequilibrios antes de alcanzar la serenidad final.

Imagina una cuerda floja que oscila sin descanso entre dos polos opuestos. Cuando intentamos estabilizarla, la cuerda, lejos de calmarse, se agita aún más antes de encontrar la quietud. De manera similar, en la danza de la vida, los momentos de desequilibrio a menudo despiertan fuerzas contrapuestas, generando un caos aparente. No obstante, es precisamente en medio de este vaivén tumultuoso que se forja la fortaleza necesaria para alcanzar un equilibrio duradero. La travesía hacia la serenidad abraza la dualidad y transforma el desequilibrio temporal en el fundamento mismo de la armonía.

Tipos de desequilibrios

Los desequilibrios, ya sean por exceso o por defecto, son manifestaciones de una falta de armonía en diferentes aspectos de nuestras vidas. Estos desequilibrios pueden manifestarse de diversas maneras y afectar nuestra salud física, emocional, relaciones interpersonales y bienestar general.

Por un lado, el exceso se refiere a apegarse de manera obsesiva o poco saludable a ciertas prácticas, pensamientos o comportamientos. Esto puede tener consecuencias perjudiciales, ya que una dedicación extrema a un solo aspecto de la vida puede llevar al agotamiento, la pérdida de equilibrio y la falta de satisfacción en otras áreas vitales.

Por otro lado, la falta de atención adecuada a áreas importantes de la vida también puede considerarse un desequilibrio. Ignorar aspectos cruciales, como el autocuidado, las relaciones personales, el crecimiento espiritual o el tiempo libre, puede resultar en una vida desequilibrada y vacía. La falta de atención a estas áreas puede conducir a la insatisfacción y al sentimiento de que falta algo esencial.

En el trajín diario, a menudo nos encontramos inmersos en una búsqueda constante de equilibrio en diversas facetas de nuestras vidas. Los desequilibrios, ya sea en el trabajo, relaciones o autenticidad personal, pueden generar un profundo impacto en nuestro bienestar emocional y mental. Sin embargo, pocos aspectos revelan su alcance de manera tan abierta como la relación entre los desequilibrios y el vacío existencial.

Cuando nuestras acciones y objetivos no están alineados con nuestros valores fundamentales, surge un conflicto interno que mina la sensación de significado y propósito en la vida.

El desequilibrio laboral, por ejemplo, donde se otorga una desproporcionada importancia al trabajo en detrimento de la vida personal, puede resultar en una sensación de vacío al descuidar aspectos cruciales de la existencia. Este desajuste puede extenderse a otras esferas, creando una cadena de desequilibrios que alimentan el vacío interior.

El vacío existencial actúa como una señal de alerta, indicándonos que algo fundamental está fuera de sintonía en nuestras vidas. Este estado de desencanto y falta de significado a menudo se manifiesta cuando nuestros esfuerzos están desequilibrados, centrados exclusivamente en el logro material o la búsqueda de aprobación externa, descuidando la exploración interior y el crecimiento personal.

El vacío puede surgir cuando nos perdemos en la vorágine de las expectativas externas, dejando de lado nuestras pasiones y autenticidad. La falta de equilibrio entre lo que hacemos y lo que somos puede amplificar la sensación de vacío, llevándonos a una búsqueda constante de algo que llene el hueco existencial.

Esto implica reflexionar sobre nuestras prioridades, reconociendo las áreas donde hemos descuidado aspectos cruciales de nuestra vida.

Recuperar el equilibrio no significa necesariamente igualar todas las áreas, sino, más bien, encontrar una distribución armoniosa que refleje nuestros valores y metas personales. En este proceso, es esencial cuestionar las expectativas externas y conectar con nuestras verdaderas motivaciones.

Al equilibrar nuestras acciones con nuestras aspiraciones más profundas, podemos transformar el vacío en una oportunidad para el crecimiento personal y la búsqueda de un significado más auténtico y duradero.

Desequilibrios Área espiritual

Los desequilibrios en busca de la espiritualidad pueden manifestarse de diversas maneras. A menudo, las personas pueden sentir que están atrapadas en una rutina materialista o una vida llena de distracciones, lo que dificulta su capacidad para enfocarse en lo espiritual. También pueden experimentar conflicto interno entre sus creencias espirituales y las presiones de la sociedad o su entorno. Este desequilibrio puede dar lugar a sentimientos de ansiedad, insatisfacción o desconexión.

En su búsqueda espiritual, algunas personas pueden volverse extremadamente rígidas en sus creencias, lo que puede llevar a la intolerancia o el fanatismo, lo que también es un desequilibrio. Otros pueden caer en la trampa de la espiritualidad superficial o la espiritualidad de consumo, donde buscan experiencias espirituales de moda sin una comprensión profunda o compromiso real.

El equilibrio espiritual implica encontrar la armonía entre la vida cotidiana y la búsqueda de significado trascendental, respetando las creencias de los demás y manteniendo una conexión genuina con lo espiritual sin caer en extremos. La búsqueda de la espiritualidad puede ser un viaje personal y profundo, y encontrar el equilibrio en este camino es esencial para experimentar la plenitud y la prosperidad interior.

Estos desequilibrios pueden manifestarse de varias maneras y pueden incluir:

Confusión espiritual: experimentar una falta de claridad sobre las creencias espirituales o la dirección de la propia vida espiritual. Puede haber conflicto o duda en cuanto a las creencias y prácticas espirituales.

Desconexión: Sentirse desconectado de una fuente espiritual o de una comunidad espiritual. Puede haber una sensación de soledad o aislamiento en la búsqueda espiritual.

Fanatismo o extremismo: Caer en el extremo opuesto, donde la búsqueda espiritual se convierte en una obsesión o fanatismo que afecta negativamente otras áreas de la vida, como las relaciones o la salud.

Conflictos morales o éticos: Enfrentar dilemas morales o éticos en la búsqueda espiritual que generan conflictos internos y dificultan la toma de decisiones.

Desequilibrios entre la espiritualidad y lo material

Vivir desconectados de nuestra vida espiritual mientras nos enfocamos exclusivamente en lo material o, por otro lado, abandonar nuestras responsabilidades terrenales en busca de una espiritualidad desvinculada pueden tener implicaciones significativas en nuestras vidas. Ambos extremos presentan desafíos que es importante comprender. Cuando nos enfocamos exclusivamente en nuestras necesidades materiales, corremos el riesgo de perder de vista aspectos fundamentales de nuestra existencia. Podemos convertirnos en esclavos de la búsqueda del éxito, la riqueza o el poder, dejando de lado la reflexión espiritual y la conexión con valores más profundos.

Este enfoque materialista puede llevar a un vacío emocional y espiritual, incluso si tenemos éxito en términos humanos. A menudo, las personas que se olvidan de su espiritualidad experimentan sentimientos de insatisfacción, ansiedad y una sensación de falta de propósito en la vida. Mejor. Mejor conocido como vacío existencial, este puede surgir cuando experimentamos un desequilibrio entre la espiritualidad y lo material en nuestras vidas. Cuando nos centramos exclusivamente en la búsqueda de lo material, a menudo encontramos un vacío interior, una sensación de falta de propósito y significado. Del mismo modo, al dejar de lado nuestras necesidades materiales en busca de una vida puramente espiritual, podríamos enfrentar desafíos prácticos que generen inseguridad y ansiedad. El equilibrio entre estas dos dimensiones esenciales de la existencia puede ayudarnos a llenar ese vacío, proporcionando una base sólida para una vida rica en propósito y satisfacción.

Si descuidamos nuestras obligaciones familiares, financieras o profesionales, podríamos enfrentar dificultades en la vida cotidiana que afectan negativamente nuestro bienestar y el de quienes dependen de nosotros.

Este enfoque extremo podría llevar a una desconexión de la realidad y a la falta de una base sólida en la vida material. Puede resultar en problemas financieros, relaciones fracturadas y dificultades para mantener una vida equilibrada.

El equilibrio entre lo material y lo espiritual es esencial para una vida plena y significativa. Ambos aspectos de nuestra existencia son importantes y complementarios. Vivir en equilibrio implica reconocer y satisfacer nuestras necesidades materiales y, al mismo tiempo, nutrir nuestra espiritualidad y valores más profundos.

Este enfoque equilibrado nos permite disfrutar de las bendiciones de la vida material sin quedar atrapados por ellas y, al mismo tiempo, nos brinda una base sólida en valores espirituales que guían nuestras acciones y decisiones.

Vivir conectados a nuestra vida material sin olvidar nuestra espiritualidad, y viceversa, es una búsqueda de armonía y equilibrio en la vida. Al abrazar ambas dimensiones de nuestra existencia, podemos experimentar una vida más rica y satisfactoria.

Espiritualidad vs religiosidad

Es crucial destacar que la espiritualidad no debe ser confundida con religiosidad rígida, que implica seguir rituales y prácticas religiosas sin cuestionamiento. La espiritualidad va más allá de las estructuras y dogmas religiosos predefinidos; se trata de una conexión personal y profunda con Dios. No implica necesariamente asistir a los templos todos los días o adherirse a rituales específicos. En cambio, la espiritualidad es una experiencia interna que nos desafía a explorar nuestras creencias, valores y conexiones con lo trascendental de una manera personal y auténtica.

Es importante recordar que cada individuo tiene la responsabilidad de nutrir su crecimiento espiritual. Si bien pertenecer a una congregación o ser parte de una organización religiosa puede proporcionar apoyo y comunidad, la verdadera espiritualidad va más allá de estas estructuras externas. Significa explorar, cuestionar, reflexionar y aprender a través de la experiencia personal. Cada uno de nosotros tiene la capacidad y la responsabilidad de forjar su propio camino espiritual, enriqueciendo su vida a través de la conexión con lo divino y la búsqueda de una comprensión más profunda de sí mismo y del mundo que lo rodea.

La espiritualidad es un viaje personal y único que nos invita a explorar nuestra relación con la divinidad, el significado de la vida y nuestros valores más profundos. No descarta la posibilidad de pertenecer a una comunidad, pero subraya la importancia de asumir la responsabilidad de nuestro crecimiento espiritual, nutriendo nuestro espíritu de manera consciente y auténtica.

Para equilibrarnos en la búsqueda de la espiritualidad, es importante considerar algunas estrategias:

Autoevaluación: Reflexionar sobre tus creencias, valores y objetivos espirituales. Pregúntate a ti mismo qué es importante y si estás en el camino correcto para alcanzarlo.

Comunidad espiritual: Busca la compañía de personas que compartan intereses espirituales similares. La comunidad espiritual puede brindarte apoyo y enriquecimiento.

Mentoría o guía espiritual: considera la posibilidad de buscar orientación de un mentor espiritual o consejero para ayudarte en tu búsqueda y proporcionarte claridad y dirección, sin delegar tu responsabilidad.

Autoaceptación: Acepta que la búsqueda espiritual es un viaje en evolución. No te juzgues duramente por los momentos de duda o desequilibrio.

Recuerda que la espiritualidad es personal: cada individuo tiene su propio camino espiritual único. No te compares con los demás y confía en que encontrarás el equilibrio y la satisfacción espiritual que buscas.

No hay un enfoque único que funcione para todos y es importante escuchar tu intuición y tu corazón en este camino. El equilibrio espiritual puede ser alcanzado a medida que exploras, creces y te conectas con lo que es significativo para ti en tu viaje espiritual.

En busca del equilibro

El equilibrio se refiere a un estado en el que varios elementos, fuerzas o aspectos se encuentran en una proporción adecuada y armoniosa. Es un estado en el que no existe exceso ni falta en ninguna de las partes, lo que permite que todo funcione de manera eficiente y sin problemas. El equilibrio es esencial en diversas áreas de la vida, desde la física y la salud mental hasta las relaciones personales y la toma de decisiones. Mantener el equilibrio implica la capacidad de ajustar y coordinar diferentes elementos para lograr armonía y estabilidad.

El equilibrio, en contraste, implica encontrar una armonía saludable entre diferentes aspectos de la vida. Esto no significa renunciar a nuestras pasiones o compromisos, sino más bien aprender a gestionarlos de manera equitativa para garantizar un bienestar integral. Al buscar un equilibrio, creamos una base sólida para una vida más satisfactoria, saludable y plena. El equilibrio nos permite avanzar en la vida con un enfoque más completo, permitiéndonos experimentar una mayor calidad de vida y bienestar en todos los aspectos.

El aspecto físico de nuestra existencia abarca todo lo relacionado con la materialidad y lo tangible en nuestra vida y está fuertemente conectado a nuestro cuerpo y al mundo material que nos rodea. El desequilibrio en esta dimensión puede manifestarse de dos maneras que, aunque opuestas, son igualmente perjudiciales para nuestro bienestar y crecimiento si no la ponemos en contexto.

En primer lugar, el desequilibrio puede surgir cuando nos apegamos de manera excesiva a lo material y físico, llegando al punto en el que nuestras vidas giran en torno a la acumulación de posesiones.

Esto puede incluir una dependencia exagerada en bienes materiales como casas lujosas, automóviles caros, acumulación de riqueza y relaciones basadas en intereses materiales. Esta es la razón por la cual vemos personas que han obtenido éxito en los deportes, en la música, en el cine o en diversas áreas profesionales y que no han podido sostener este caudal de abundancia debido a los excesos, y lamentablemente muchos han llegado al punto de perderlo todo debido a este enfoque obsesivo en lo material que a menudo conduce a una vida desequilibrada, en la que nuestra felicidad y satisfacción se ven reducidas a la posesión y acumulación constante de bienes.

Por otro lado, el desequilibrio también puede manifestarse cuando descuidamos la parte física y material de la vida, evitando relacionarnos con el mundo material que nos rodea. En este caso, podemos caer en una especie de aislamiento espiritual, renunciando a nuestras aspiraciones, anhelos y deseos materiales, creyendo erróneamente que perseguirlos nos convierte en personas avaras. También hemos podido identificar personas con mucho éxito con abundantes recursos materiales, pero viven con lo mínimo reteniendo sus posesiones y viviendo de manera no humilde sino como acumuladores compulsivos, desconectados totalmente de las verdaderas necesidades de este mundo.

La realidad es que tener aspiraciones no nos hace egoístas; de hecho, son motores que nos impulsan a crecer y desarrollarnos como individuos.

Un ejemplo ilustrativo de equilibrio en esta dimensión es la vida de Jesucristo. A pesar de su origen divino y profundo entendimiento de las realidades espirituales, Jesucristo operó en el mundo material y mantuvo conexiones con todo tipo de personas. Su vida nos enseña que no debemos aislarnos del mundo físico; de hecho, es al mantener un equilibrio adecuado con nuestro entorno material que nos ubicamos en la posición correcta para experimentar una elevación hacia niveles superiores de consciencia y bienestar.

La clave reside en no caer en extremos, ya sea el apego excesivo a lo material o la negación completa de su importancia. En lugar de eso, buscar una armonía entre lo tangible y lo intangible nos permite experimentar una vida más rica, satisfactoria y equilibrada. Al mantener un equilibrio saludable en esta área, estamos mejor posicionados para buscar el crecimiento interior tan deseado y alcanzar niveles superiores de prosperidad y bienestar.

En nuestro viaje hacia la prosperidad sin límites, hay un componente crucial que a menudo subestimamos, llamado emociones. Las emociones son una fuerza poderosa en nuestra vida, y pueden ser aliadas o adversarias en la búsqueda de nuestros sueños. En esta parte, exploraremos el impacto de las emociones en nuestra prosperidad y aprenderemos cómo equilibrarlas para aprovechar su potencial en nuestro beneficio.

La importancia de las emociones para alcanzar el equilibrio

Nuestras emociones son la respuesta natural de nuestro ser a diferentes situaciones y experiencias. Desde la alegría hasta la tristeza, desde el miedo hasta la confianza, nuestras emociones son un reflejo de cómo percibimos el mundo que nos rodea. A menudo, estas emociones pueden impulsarnos o limitarnos en la búsqueda de prosperidad.

Tipos de emociones

Emociones negativas o limitantes. Cuando permitimos que emociones como el miedo, la envidia o la ira tomen el control, creamos barreras en nuestro camino hacia el éxito. Estas emociones pueden socavar nuestra confianza, frenar nuestra creatividad y obstaculizar nuestras relaciones personales.

Emociones positivas o de empoderamiento. Por otro lado, emociones como la gratitud, el amor y la alegría nos empoderan. Nos brindan la energía y la mentalidad necesarias para superar obstáculos y buscar oportunidades.

Las vestimentas de las emociones

Concebido como las vestimentas que adornan el complejo entramado de nuestras experiencias emocionales. Cada emoción, cual modista hábil, se elabora en un tejido compuesto por pensamiento, sentimientos, acciones y, finalmente, resultados. Las múltiples capas de este ciclo se entrelazan armoniosamente para dar forma a nuestra respuesta emocional ante el mundo que nos rodea.

Las vestimentas de las emociones, representadas por pensamiento, sentimientos, acción y resultados, son tejidos sutiles que moldean la esencia de nuestra existencia. El pensamiento actúa como el telar inicial, tejiendo las hebras de nuestras ideas y creencias, creando así el patrón que dará forma a nuestras experiencias. Los sentimientos, a su vez, se erigen y unen los pensamientos internos con la realidad externa, manifestando nuestras intenciones y convicciones en el tejido tangible de la vida. La acción es la prenda visible que llevamos ante el mundo, revelando la calidad y autenticidad de nuestro ser interior. Los resultados son el toque final que le pone el toque de elegancia a todas las acciones anteriores. En este intrincado proceso de vestir el alma, cada elección consciente en pensamiento, palabra y acción se convierte en la costura que define la elegancia y la armonía de nuestro ser más profundo.

Las emociones son una parte fundamental de la experiencia humana y entender cómo funcionan puede ser clave para nuestro equilibrio emocional. Aquí te presento el ciclo de las emociones y sus etapas:

Pensamientos: Nuestros pensamientos son la chispa que enciende el fuego de nuestras emociones. Son como las semillas de las cuales brotan todas nuestras experiencias emocionales. Cada emoción, ya sea la alegría, el miedo, la tristeza o la ira, comienza en el reino de nuestros pensamientos. Aquí profundizaremos en esta etapa fundamental del ciclo de las emociones. Cada uno de nosotros ve el mundo a través de un filtro único de percepción. Nuestras experiencias pasadas, creencias, valores y expectativas influyen en cómo interpretamos lo que sucede a nuestro alrededor. Cuando alguien nos critica, es la forma en que percibimos esa crítica lo que desencadena nuestras emociones. Luego, nuestros pensamientos pueden ser conscientes o subconscientes.

Los pensamientos conscientes son aquellos de los que somos plenamente presentes; sabemos lo que estamos pensando. Los pensamientos subconscientes son más profundos y pueden influir en nuestras emociones sin que seamos plenamente conscientes de ellos. Por ejemplo, es posible que tengamos pensamientos subconscientes arraigados en la autoestima que influyan en cómo nos sentimos cuando alguien nos critica.

El Proceso de Desencadenar Emociones. Tomemos el ejemplo de una crítica. Cuando alguien nos critica, nuestros pensamientos inmediatos pueden variar. Algunos de nosotros podríamos pensar que la crítica es un ataque personal, lo que puede desencadenar emociones de ira o tristeza. Otros pueden interpretar la crítica como una oportunidad de mejora, lo que podría dar lugar a otro tipo de emociones.

Es la clave; lo que hacemos de las situaciones es fundamental. ¿Vemos una crítica como una amenaza o como un regalo? Nuestra respuesta emocional dependerá en gran medida de cómo interpretamos esos pensamientos. Si nos damos cuenta de que los pensamientos negativos o irracionales están impulsando nuestras emociones, tenemos el poder de cambiar esa interpretación y, en consecuencia, nuestras emociones.

La reflexión y el autoconocimiento sobre nuestros pensamientos es esencial. Preguntarnos por qué pensamos de cierta manera y si esos pensamientos son realistas o nos pueden ayudar a ganar un mayor control sobre nuestras emociones. El autoconocimiento nos permite ser conscientes de cómo percibimos el mundo y, por lo tanto, nos brinda la oportunidad de ajustar esas percepciones para tener una respuesta emocional más equilibrada. En otras palabras, nuestros pensamientos son los cimientos de nuestras emociones. Son la primera etapa del proceso y la clave para entender por qué sentimos lo que sentimos. Al reconocer el poder de nuestros pensamientos y aprender a interpretar las situaciones de manera más positiva y realista, podemos influir en la calidad de nuestras experiencias emocionales y cultivar una mayor inteligencia emocional.

Los Sentimientos: El Puente Entre Pensamientos y Acciones

Los sentimientos son el nexo crucial entre nuestros pensamientos y nuestras acciones y juegan un papel esencial en cómo respondemos a las emociones. Esta etapa es donde se manifiesta una profunda división en la forma en que las personas gestionan sus emociones, y es crucial para comprender cómo las emociones pueden influir en nuestras vidas.

Reaccionar (Persona no madura):

La reacción impulsiva es un territorio donde muchas personas, en un momento u otro, han navegado. Aquí, las emociones tienen el control y son el motor detrás de nuestras acciones. Es una respuesta inmediata y, en muchos casos, descontrolada a una emoción.

Ejemplo de reacción impulsiva: Imagina que alguien recibarecibarecibarecibarecibarecibarecibarecibarecibarecibarecibarecibarecibareciba una crítica inesperada en el trabajo. Sin tomarse el tiempo para reflexionar, reacciona con una explosión de enojo, lanzando críticas en respuesta o incluso abandonando la conversación. Esta respuesta es impulsiva y puede ser perjudicial tanto para la persona como para las relaciones.

Responder (Persona madura):

Por otro lado, la respuesta madura es un enfoque más consciente y equilibrado de nuestras emociones. Aquí, la persona reconoce sus sentimientos, pero no permite que estos dicten su comportamiento de inmediato. En lugar de una respuesta impulsiva, esta persona toma un enfoque reflexivo y consciente para manejar sus emociones.

Ejemplo de respuesta madura: Volvamos al escenario de la crítica en el trabajo. En lugar de reaccionar de inmediato, esta persona madura se toma un momento para reconocer su enojo y su frustración. Luego, considera sus opciones y elige responder de manera más equilibrada. Podría pedir más información sobre la crítica o expresar sus preocupaciones de manera tranquila y constructiva.

La Clave: Autoconocimiento y Autodisciplina

La diferencia entre reaccionar o responder radica en el autoconocimiento y la autodisciplina. Una persona madura emocionalmente tiene un profundo conocimiento de sus propias emociones y una habilidad para regularlas. No permiten que las emociones los lleven por un camino destructivo, sino que eligen conscientemente cómo responder.

Beneficios de la respuesta madura: respuesta madura: respuesta madura

La respuesta madura tiene una serie de ventajas:

Fomenta la comunicación efectiva.

Preserva relaciones personales y profesionales.

Minimiza conflictos y malentendidos.

Contribuye al desarrollo de la inteligencia emocional.

Facilita la toma de decisiones más sensatas y racionales.

El manejo de nuestras emociones y la elección entre reaccionar y responder son factores clave para vivir una vida equilibrada y exitosa. A medida que desarrollamos nuestra inteligencia emocional, ganamos la capacidad de tomar decisiones conscientes en lugar de ser arrastrados por nuestras emociones. La respuesta madura nos brinda la oportunidad de influir en nuestras acciones y resultados de manera positiva, lo que nos acerca a la prosperidad sin límites que buscamos.

Las Acciones: La Manifestación de Nuestras Emociones

Nuestras emociones no existen en un vacío; son impulsoras de nuestras acciones y decisiones. Cómo elegimos actuar en respuesta a nuestras emociones desempeña un papel crucial en cómo experimentamos y gestionamos nuestras emociones. Aquí profundizaremos en esta etapa vital del ciclo de las emociones:

Pelear: Cuando elegimos enfrentar la fuente de nuestras emociones directamente, estamos optando por la confrontación. Esta acción puede manifestarse de diversas maneras. Por ejemplo, si nos sentimos agraviados por una crítica, podríamos elegir discutir nuestro punto de vista con la persona que nos criticó. La lucha puede ser verbal o incluso física, dependiendo de la intensidad de la emoción y la situación.

El poder, de la Comunicación: Elegir la confrontación puede ser una forma efectiva de resolver conflictos y expresar nuestras preocupaciones. La comunicación abierta y honesta puede conducir a una comprensión mutua y al fortalecimiento de las relaciones. Sin embargo, la lucha también conlleva el riesgo de aumentar la hostilidad si no se aborda con respeto y empatía.

Huir: la huida es una respuesta opuesta a la confrontación. Cuando optamos por huir de una situación emocionalmente desafiante, estamos evitando el conflicto y la confrontación. Por ejemplo, en respuesta a una crítica, podríamos retirarnos y alejarnos de la persona que nos criticó. La huida puede manifestarse de muchas formas, como el aislamiento o la evitación de situaciones incómodas.

Evitar el conflicto: La huida puede ser una estrategia eficaz para mantener la paz y evitar el conflicto innecesario. Sin embargo, puede tener el efecto secundario de no abordar adecuadamente los problemas, lo que puede llevar a una acumulación de tensiones no resueltas.

Congelarnos: en algunas situaciones, nuestras emociones pueden dejarnos paralizados, incapaces de tomar ninguna acción. Este estado de "congelación" puede ocurrir cuando estamos abrumados por nuestras emociones y no sabemos cómo responder. En lugar de luchar o huir, nos quedamos atrapados en nuestras emociones y no hacemos nada al respecto.

La parálisis emocional: La congelación puede ser un signo de que estamos lidiando con emociones intensas y complejas. Puede ser útil tomarse un tiempo para procesar estas emociones antes de decidir cómo actuar. Sin embargo, quedarse atrapado en la congelación durante demasiado tiempo puede llevar a la inacción y la oportunidad perdida de abordar asuntos importantes.

La elección de acciones conscientes, son la clave para equilibrar nuestras acciones en respuesta a nuestras emociones radica en la elección consciente. Reconocer nuestras emociones y entender cómo influyen en nuestras decisiones nos permite tomar acciones más equilibradas y beneficiosas. Cada enfoque (pelear, huir o congelarnos) puede ser adecuado en diferentes situaciones, pero la clave está en elegir la respuesta que mejor sirva a nuestros objetivos y relaciones.

Nuestras acciones moldean el resultado de nuestras emociones. Tomar decisiones conscientes basadas en una comprensión de nuestras emociones puede ser una poderosa herramienta para cultivar relaciones saludables, resolver conflictos y avanzar hacia una vida de prosperidad sin límites.

Los resultados: Las consecuencias de nuestras acciones: El impacto de las emociones.

Nuestras acciones en respuesta a nuestras emociones no solo son simples reacciones impulsivas, sino que son un eslabón crítico en la cadena del ciclo emocional. Estas acciones no solo influyen en nosotros, sino que también tienen un profundo impacto en nuestras relaciones, nuestro bienestar y, en última instancia, en la calidad de nuestras vidas.

El peso de nuestras decisiones: Cada acción que tomamos en respuesta a nuestras emociones lleva consigo el peso de nuestras elecciones. Dependiendo de cómo manejemos nuestras emociones y de las acciones que tomemos, los resultados pueden variar significativamente. Es como lanzar una piedra al agua: nuestras acciones son la piedra y las ondas que se crean en el agua son las consecuencias que se extienden por nuestra vida.

Respuesta madura y construcción de relaciones: Imagina que respondemos de manera madura a una crítica. En lugar de reaccionar impulsivamente, elegimos abordar la situación de manera constructiva. En este escenario, podríamos resolver el conflicto de una manera que fortalezca nuestras relaciones. Esta respuesta madura puede conducir a una comunicación abierta, una comprensión mutua.

Reacción impulsiva y consecuencias negativas: En contraste, si reaccionamos de manera impulsiva y agresiva a esa misma crítica, podríamos dañar las relaciones y experimentar consecuencias negativas. La hostilidad y la agresión pueden dañar la confianza, generar resentimiento y alejar a las personas. Esto no solo afecta la calidad de nuestras relaciones, sino que también puede tener un impacto duradero en nuestro bienestar emocional.

El ciclo de las emociones es un proceso completo que abarca desde nuestros pensamientos iniciales hasta las consecuencias finales de nuestras acciones. Nuestra madurez emocional se mide en cómo manejamos cada paso de este ciclo. Reconocer nuestras emociones, tomar decisiones conscientes y responder de manera equilibrada en lugar de reaccionar impulsivamente es una habilidad valiosa que puede mejorar nuestras relaciones y elevar nuestra calidad de vida.

El impacto en impacto en nuestra calidad de vida y la gestión adecuada de este ciclo emocional no solo tiene una reacción en nuestras relaciones, sino que también afecta directamente nuestro entorno emocional. Una mayor inteligencia emocional nos permite abordar los desafíos de la vida con una mentalidad equilibrada y una perspectiva positiva. A medida que cultivamos la capacidad de tomar decisiones conscientes en lugar de dejarnos llevar por nuestras emociones, nos acercamos más a la prosperidad sin límites que buscamos en todos los aspectos de nuestras vidas. La gestión de las emociones se erige como una piedra angular esencial en la búsqueda del equilibrio total. Al aprender a comprender, aceptar y canalizar nuestras emociones de manera constructiva, cultivamos una poderosa herramienta para contrarrestar los desafíos diarios. Al abrazar la inteligencia emocional, adquirimos la capacidad de modular nuestras respuestas emocionales, transformando los momentos de desequilibrio en oportunidades para el crecimiento personal.

La gestión emocional no implica la supresión de emociones, sino la habilidad de navegar a través de ellas con destreza. Al reconocer y validar nuestras emociones, podemos elegir respuestas conscientes en lugar de reacciones impulsivas. Este proceso nos empodera, otorgándonos el control sobre la dirección de nuestro bienestar emocional.

La gestión efectiva de las emociones nos conduce hacia un equilibrio más sólido y duradero. Al integrar esta práctica en nuestra vida cotidiana, construimos cimientos emocionales resistentes que nos permiten enfrentar los altibajos con gracia, transformando los desafíos en oportunidades para florecer en nuestra totalidad.

Principio 3365 días de gratitud

La gratitud no solo es una actitud, sino una poderosa fuerza de la materia para conectar con el Espíritu y el Alma que fortalece nuestro vínculo con la Luz divina. Al reconocer y expresar agradecimiento por las bendiciones en nuestra vida, iniciamos un flujo constante de energía positiva. Al practicar la gratitud, abrimos nuestros corazones a la apreciación de lo que tenemos, permitiéndonos percibir la abundancia que nos rodea en cada momento. La gratitud, un sentimiento profundamente arraigado en la experiencia humana, ha sido objeto de estudio y reflexión a lo largo de la historia. Sus efectos positivos en la salud mental y emocional son ampliamente reconocidos y su relación con una vida próspera se manifiesta en diversos aspectos.

Este acto de reconocimiento y agradecimiento no solo eleva nuestra conciencia, sino que también actúa como un imán para la prosperidad. La gratitud no solo se trata de contar nuestras bendiciones, sino de comprender la magnitud de lo que recibimos y permitir que ese entendimiento transforme nuestra perspectiva diaria. Al adoptar la gratitud como un estilo de vida, nos convertimos en canales receptivos de positividad, atrayendo más bendiciones y oportunidades hacia nuestras vidas.

En esencia, vivir en gratitud es cultivar una conexión profunda con la divinidad, reconociendo que cada momento, cada experiencia, es una bendición única. Esta perspectiva transformadora no solo enriquece nuestra propia existencia, sino que también contribuye a la creación de un entorno positivo y armonioso a nuestro alrededor.

En el trajín constante de la vida moderna, marcada por la prisa y la agitación, a menudo pasamos por alto la joya más preciada que reside en nuestra esencia; la capacidad de vivir en un estado permanente de gratitud. En un mundo que constantemente nos desafía con sus altibajos, el acto de ser agradecido los 365 días del año hacía una vida plena.

La gratitud va más allá de un simple gesto de educación; es una filosofía de vida que influye profundamente en nuestra perspectiva y bienestar emocional. Imagina despertar cada mañana con el corazón rebosante de agradecimiento, reconociendo las bendiciones que nos rodean, desde las pequeñas alegrías cotidianas hasta los logros más significativos. Este enfoque transformador no solo nos permite apreciar el regalo de cada nuevo día, sino que también actúa como un bálsamo en los momentos de adversidad.

La ciencia respalda la idea de que la gratitud no es simplemente un sentimiento, sino una herramienta poderosa para cultivar la felicidad y la salud mental. Estudios han demostrado que las personas que practican la gratitud regularmente experimentan niveles más bajos de estrés, una mayor satisfacción con la vida y una mayor resiliencia emocional. Así, vivir en un estado permanente de gratitud no solo es un acto generoso hacia los demás, sino también un regalo invaluable que nos otorgamos a nosotros mismos.

Este compromiso con la gratitud no implica negar los desafíos o dificultades de la vida; más bien, se trata de cambiar nuestra atención hacia lo positivo, de encontrar luz en la oscuridad. Cada día nos brinda oportunidades para reconocer y agradecer, desde las conexiones humanas hasta las maravillas de la naturaleza que nos rodea. Practicar la gratitud no es un ejercicio aislado, sino un flujo constante que permea cada aspecto de nuestras vidas.

Para promover el ser agradecido durante todo el año, es esencial incorporar la gratitud en nuestra rutina diaria. Mantener un diario de gratitud, donde registramos momentos y experiencias por las cuales estamos agradecidos, se convierte en un refugio de positividad al cual podemos recurrir en tiempos difíciles. Además, compartir nuestro agradecimiento con los demás crea un círculo virtuoso de aprecio y conexión.

Vivir en un estado permanente de gratitud no solo es un llamado a la reflexión personal, sino también a una transformación colectiva. Cuando nos comprometemos a ser agradecidos los 365 días del año, no solo nutrimos nuestra propia alma, sino que también inspiramos a quienes nos rodean a adoptar este enfoque positivo hacia la vida.

Ser agradecido todos los días es un viaje hacia la plenitud. Es una invitación a desacelerar, a sintonizar con la abundancia que nos rodea y a vivir con un corazón agradecido. Al abrazar este compromiso diario, descubrimos que la gratitud se convierte no solo en un hábito, sino en la esencia misma de nuestra existencia, tejiendo un tapiz de alegría y significado a lo largo de los días, semanas y meses. Este viaje hacia la gratitud continua es un regalo que nos ofrecemos a nosotros mismos y a quienes nos rodean.

Los 3 estados de gratitud

En el vasto paisaje de la experiencia humana, la gratitud emerge como un hilo dorado que teje la trama de nuestras interacciones y percepciones. Sin embargo, como un fenómeno tan rico y diverso, la gratitud no se limita a una única expresión; más bien, se despliega en tres fascinantes estados que iluminan diferentes facetas de nuestra conexión con el mundo que nos rodea. Desde el destello efímero de la gratitud momentánea hasta la reflexión pausada de la gratitud retardada y la chispa anticipada de la gratitud que aún no ha florecido, cada estado pinta un retrato único de nuestra relación con la abundancia y la generosidad de la vida. Acompáñanos en un viaje a través de estos tres estados de gratitud, explorando cómo cada uno enriquece y eleva nuestra existencia en este hermoso tapiz de aprecio y reconocimiento.

Gratitud momentánea. Este estado de agradecimiento florece de manera instantánea en el momento en que experimentamos la recepción de algo, ya sea un regalo inesperado o una bendición anticipada. Es la chispa efímera que ilumina nuestro ser cuando reconocemos la generosidad del universo en un instante específico. "Gratitud momentánea" es ese efímero destello de agradecimiento que surge de manera instantánea cuando nos encontramos recibiendo algo significativo en un momento específico. Este estado emocional se nutre de la percepción aguda de la generosidad que emana del universo, ya sea en forma de un regalo inesperado o el reconocimiento de una bendición.

Es como capturar un rayo de luz en una fracción de segundo, un destello fugaz pero poderoso que ilumina nuestro ser interior. Este tipo de gratitud es instantáneo y visceral, desencadenado por la sorpresa, la apreciación y el reconocimiento de la abundancia que nos rodea en un instante particular.

Cuando experimentamos gratitud momentánea, nos sumergimos en la conciencia plena del presente. Es un despertar súbito a la belleza de lo que está sucediendo en ese momento exacto. Ya sea la calidez de una sonrisa, la ayuda inesperada de un amigo o la serenidad de un atardecer, este tipo de gratitud nos conecta con el regalo del ahora.

Este estado no necesita preparación ni reflexión prolongada; es una reacción instantánea a la generosidad de la vida. Al sintonizar con la gratitud momentánea, permitimos que la belleza del presente impregne nuestro ser y enriquezca nuestra experiencia diaria. Es un recordatorio de que la vida está llena de pequeños milagros y que, al cultivar esta gratitud efímera, podemos teñir nuestros días con un matiz más profundo de aprecio y alegría.

Gratitud retardada: este tipo de agradecimiento se gesta en el tiempo, emergiendo después de haber cosechado los frutos de una bendición o el resultado esperado de un esfuerzo. Es la reflexión pausada que reconoce y valora el impacto positivo que ha dejado en nuestra vida aquello que hemos recibido. Se trata de una reflexión pausada que a diferencia de la gratitud momentánea, que surge de manera instantánea ante la recepción de algo, se convierte en un proceso más lento, que madura con el tiempo. Este tipo de agradecimiento se desarrolla a medida que comprendemos profundamente el valor y la influencia positiva de aquello que hemos recibido.

Imagina sembrar las semillas de un proyecto o esforzarte hacia una meta a largo plazo. La gratitud retardada se manifiesta cuando finalmente cosechas los frutos de tu trabajo y reflexionas sobre el viaje. Es una pausa consciente para mirar hacia atrás, apreciar los desafíos superados y reconocer cómo cada paso, incluso los más difíciles, contribuyó al logro final.

Este tipo de gratitud es duradera y significativa. A medida que miramos hacia atrás en el tiempo, evaluamos no solo el resultado tangible, sino también el crecimiento personal, las lecciones aprendidas y la resiliencia cultivada durante el proceso. Es un acto de mirar más allá de lo inmediato y reconocer la travesía completa con todos sus matices.

La gratitud retardada puede surgir no solo en el ámbito de los logros personales, sino también en respuesta a la generosidad de otros o a las bendiciones inesperadas de la vida. Al tomarnos el tiempo para reflexionar y expresar nuestro agradecimiento después de haber absorbido completamente la magnitud de lo recibido, creamos una conexión más profunda con el valor intrínseco de nuestras experiencias. Es un reconocimiento consciente que celebra no solo el destino, sino también el viaje que nos llevó allí.

Gratitud anticipada: La gratitud anticipada es la llama que arde incluso antes de que veamos los resultados tangibles. Surge de la confianza y la esperanza, agradeciendo de antemano por las bendiciones que creemos que están en camino. Este estado nos conecta con la expectativa positiva, infundiendo nuestra realidad con una energía agradecida y optimista antes de que los acontecimientos se desarrollen por completo.

La gratitud anticipada, una fuerza poderosa que va más allá de la realidad tangible, se revela como un catalizador de milagros en la historia atemporal de Jesús, dando gracias antes de la resurrección de Lázaro. Este relato bíblico, que se encuentra en el Evangelio de Juan, nos presenta un momento extraordinario donde la gratitud previa a la manifestación del milagro desencadena un acto divino de proporciones asombrosas.

Cuando Jesús llega al sepulcro de Lázaro, ya fallecido y enterrado, desafía las expectativas humanas al expresar su gratitud antes de que el milagro se manifieste. Sus palabras, "Padre, gracias te doy porque me has oído", revelan una conexión profunda con la divinidad y una confianza inquebrantable en el poder del agradecimiento anticipado. Este acto de gratitud no surge como una mera formalidad, sino como una expresión audaz de fe y certeza en el poder transformador de la conexión con lo divino.

La gratitud anticipada de Jesús no se basa en la evidencia visible de la resurrección, sino en una profunda comprensión espiritual y una conexión intrínseca con el propósito divino. Este acto no convencional de agradecimiento establece un precedente, desafiando la lógica humana y elevando la manifestación de milagros a un nivel completamente nuevo.

El relato continúa con el milagro que sigue a las palabras de Jesús: Lázaro, que yacía muerto, emerge del sepulcro vivo.

Este episodio revela que la gratitud anticipada no solo es una expresión de esperanza, sino un medio para abrir las puertas a lo milagroso. Al agradecer antes de que los resultados sean evidentes, se crea un espacio sagrado donde la fe, la confianza y la conexión espiritual se entrelazan para dar a luz a lo extraordinario. La gratitud anticipada, en este contexto, se revela como una fuerza catalizadora que trasciende las limitaciones humanas, generando milagros que desafían las expectativas y revelan la profundidad del poder divino.

Así, la historia de Jesús agradeciéndose anticipadamente por la resurrección de Lázaro nos inspira a cultivar la gratitud en nuestra propia vida, reconociendo que este acto no solo es un reconocimiento de lo que ya ha ocurrido, sino una poderosa herramienta para desencadenar la intervención divina en nuestras circunstancias más desafiantes. La gratitud anticipada, en su esencia, nos invita a confiar en la posibilidad de milagros, a esperar lo extraordinario y a conectarnos con el poder divino que reside en la expresión agradecida del corazón.

En conjunto, estos tres estados de agradecimiento forman una sinfonía emocional que enriquece nuestra experiencia humana. Desde la efímera alegría del momento hasta la reflexión tardía y la confianza anticipada, cada forma de gratitud contribuye a la compleja danza de aprecio que nos guía a través de la vida.

Descubriendo razones para agradecer, los secretos de lo imperceptible

Numerosos estudios psicológicos respaldan la idea de que practicar la gratitud de manera regular puede tener impactos en el bienestar general. La expresión consciente de agradecimiento se ha asociado con niveles más bajos de estrés, ansiedad y depresión. Al centrarse en lo positivo de la vida, las personas que cultivan la gratitud tienden a experimentar una mayor satisfacción y felicidad.

La conexión entre la gratitud y las relaciones interpersonales sólidas también es evidente. Aquellos que expresan aprecio hacia los demás tienden a fortalecer sus lazos emocionales, construyendo una red de apoyo sólida. La gratitud no solo mejora las relaciones existentes, sino que también contribuye a la formación de nuevas conexiones, creando un entorno social más enriquecedor.

En el ámbito laboral, la gratitud puede tener un impacto transformador. Los líderes que reconocen y expresan agradecimiento hacia sus colaboradores cultivan un ambiente laboral positivo y motivador. Esto, a su vez, puede aumentar la productividad y la satisfacción laboral, contribuyendo al éxito y la prosperidad de la empresa.

La conexión entre la gratitud y la salud física también ha sido objeto de investigación. Se ha sugerido que la práctica regular de la gratitud puede tener efectos positivos en el sistema inmunológico, disminuyendo la inflamación y promoviendo un estado de bienestar general. La mente y el cuerpo están intrínsecamente conectados, y cultivar la gratitud puede ser un componente crucial para mantener un equilibrio saludable.

Además de sus beneficios individuales, la gratitud también puede desempeñar un papel fundamental en la construcción de comunidades fuertes y resilientes. Las sociedades que valoran y practican la gratitud tienden a experimentar una mayor cohesión social y una disposición a colaborar para abordar desafíos comunes. Este sentido de aprecio mutuo puede generar un círculo virtuoso, donde la prosperidad se comparte y se multiplica.

Como ya mencionamos en líneas anteriores, la gratitud no es simplemente un sentimiento pasajero de agradecimiento, sino una práctica consciente que puede transformar profundamente nuestras vidas. Sus efectos positivos se extienden a la salud mental, las relaciones interpersonales, el entorno laboral y la salud física. Cultivar la gratitud, entonces, no solo contribuye a una vida próspera a nivel individual, sino que también puede ser un catalizador para la prosperidad en la sociedad en su conjunto. Siempre hay motivos para agradecer.

En el transcurrir de la vida, nos encontramos inmersos en una danza constante de eventos, algunos visibles y otros que se ocultan entre las sombras. En este viaje, a menudo nos enfrentamos a desafíos y momentos de incertidumbre, pero también nos cruzamos con innumerables razones para agradecer.

El secreto reside no solo en lo evidente, sino en la maravilla de lo imperceptible.

Si observamos detenidamente, descubriremos que siempre hay razones para expresar gratitud, incluso en los momentos aparentemente ordinarios. La salud que nos permite respirar, la amistad que ilumina nuestros días y las oportunidades que se presentan, son milagros cotidianos que danzan a nuestro alrededor.

A veces, los verdaderos milagros no se presentan con luces brillantes y fanfarrias; se manifiestan de manera silenciosa en los pequeños detalles. La sonrisa de un ser querido, la llegada oportuna de un mensaje alentador o la calma que sigue a una tormenta emocional son milagros que se revelan en la sencillez de la vida diaria.

En medio de la adversidad, es fácil perder de vista las bendiciones que se tejen en nuestra existencia. La fuerza interior que surge de la superación, el aprendizaje que se extrae de los desafíos y la conexión que se forja en los momentos difíciles son razones profundas para agradecer, incluso cuando las circunstancias no son perfectas.

La verdadera magia radica en reconocer que, aunque no siempre percibamos los milagros de inmediato, estos están constantemente tejiéndose en el tapiz de nuestra vida. Los obstáculos que enfrentamos, las lágrimas que derramamos y las risas que compartimos son elementos de un cuadro más amplio que se desarrolla con propósito y significado.

Aprender a agradecer incluso en medio de la incertidumbre es abrir los ojos a lo imperceptible. Es abrazar la idea de que cada día, cada encuentro y cada experiencia, por más común que parezca, está impregnado de la chispa divina que hace posible lo extraordinario.

Así que, en cada amanecer y atardecer, recordemos que siempre hay razones para agradecer, incluso cuando los milagros son sutiles y se ocultan en las grietas de lo cotidiano. En la actitud de gratitud, encontramos la clave para descubrir la corriente constante de la vida, recordándonos que siempre, en lo visible y en lo oculto, hay razones para agradecer.

En un día soleado en la ciudad, dos parejas, los Rodríguez y los Gómez, se cruzaron en un semáforo. Los Rodríguez tenían un modesto automóvil que, aunque mostraba los signos del tiempo, reflejaba el cariño y cuidado con el que lo mantenían. Los Gómez, por otro lado, se encontraban en un reluciente vehículo de lujo, una joya de la ingeniería automotriz que brillaba bajo el sol.

Los Rodríguez eran una pareja sencilla. María, una maestra de escuela, y Juan, un trabajador en una pequeña tienda local. A pesar de sus ingresos modestos, se aferraban a una vida llena de amor y gratitud. Su carro, aunque no era el más moderno, llevaba consigo recuerdos de viajes familiares y días de aventuras. Cuando se detuvieron en el semáforo, María y Juan compartían risas y gestos cariñosos, agradeciendo el tiempo juntos.

Por otro lado, los Gómez, Carlos y Sofía eran una pareja acomodada. Él, un exitoso empresario, y ella, una reconocida abogada. Su automóvil relucía con la última tecnología y detalles de lujo. Sin embargo, cuando se detuvieron en el semáforo, la cabina estaba envuelta en un silencio incómodo. La frialdad en sus rostros y la falta de interacción indicaban una brecha invisible entre ellos.

Un día, ambos vehículos se encontraron nuevamente en el mismo semáforo. María y Juan saludaron con una sonrisa genuina, compartiendo historias de su día mientras esperaban la luz verde. Carlos y Sofía, por otro lado, apenas intercambiaron miradas.

Lo que no sabían los Gómez era que los Rodríguez, a pesar de sus modestos recursos, se sentían más ricos que nunca. Apreciaban cada momento juntos y encontraban gratitud en las pequeñas cosas de la vida. Mientras tanto, los Gómez, atrapados en la búsqueda constante de más lujos, habían perdido de vista la esencia de la felicidad y la gratitud.

Con el tiempo, la felicidad de los Rodríguez se propagó como un sol radiante que iluminaba sus días, mientras que los Gómez, atrapados en la opulencia material, seguían sin encontrar la llave de la verdadera satisfacción.

Esta historia destaca que la gratitud y la felicidad no están determinadas por las posesiones materiales, sino por la actitud y la apreciación de lo que realmente importa en la vida. A veces, la riqueza verdadera se encuentra en los momentos compartidos y en la capacidad de estar agradecidos por lo que se tiene, independientemente del exterior reluciente o modesto.

Explorando la conexión entre Gratitud y Prosperidad sin Límites

La gratitud y la prosperidad están entrelazadas. Va más allá de las simples circunstancias económicas.

La gratitud como cimiento de la prosperidad no es simplemente una respuesta a la abundancia material; es una actitud que fundamenta la relación con el mundo que nos rodea. Al adoptar una perspectiva agradecida, cultivamos una mentalidad de abundancia que va más allá de la riqueza monetaria y abraza la plenitud en todas las áreas de la vida.

La prosperidad surge prosperidad surge de la apreciación; cuando agradecemos por lo que ya tenemos, creamos un espacio propicio para que la prosperidad florezca. La apreciación de los recursos, relaciones y experiencias actuales genera un imán para atraer más bendiciones. Es como sembrar semillas de gratitud que, con el tiempo, germinan y se transforman en frutos abundantes.

La gratitud como actitud de abundancia, es una actitud de abundancia que trasciende las limitaciones percibidas. Al enfocarnos en lo positivo y agradecer incluso por las lecciones aprendidas en momentos difíciles, cambiamos nuestra narrativa interna y abrimos puertas hacia oportunidades inesperadas.

Generosidad como círculo virtuoso; la gratitud se nutre al compartir lo que tenemos. A través de la generosidad, creamos un fluir donde dar y recibir están interconectados. La prosperidad sin límites se manifiesta cuando la gratitud se transforma en acción, extendiendo nuestra mano para contribuir al bienestar de otros.

La gratitud como motor de la resiliencia; en tiempos de adversidad, la gratitud se convierte en un faro de luz. Agradecer por la fortaleza interior, por la capacidad de aprender de los desafíos y por la oportunidad de crecer a pesar de las dificultades, alimenta la resiliencia. Esta resiliencia es un trampolín hacia una prosperidad que va más allá de las fluctuaciones externas.

Prosperidad sin límites a través de la gratitud continua

Esta no se mide únicamente en términos financieros, sino en la calidad de vida y la plenitud experimentada. La gratitud continua, como una práctica diaria, se convierte en el motor que impulsa esta prosperidad más allá de los límites preestablecidos.

La gratitud y la prosperidad al adoptar una actitud de agradecimiento constante, creamos un terreno fértil para que la prosperidad florezca en todas las áreas de nuestra vida. La gratitud no solo es un resultado de la abundancia, sino también el camino que nos lleva a una prosperidad que trasciende límites, nutriéndonos a nivel espiritual, emocional y material. ¡Bienvenidos a un año de gratitud con resultados infinitos!

Principio 4 Conexión de propósito

El año 2020 quedará grabado en la historia como un punto de inflexión global debido a la crisis sanitaria del COVID-19. Este acontecimiento transcendental no solo dejó una profunda huella en el mundo, sino que también desencadenó una reflexión personal que transformó significativamente mi vida. La expansión del virus a nivel mundial y la dolorosa observación de cómo afectaba a personas desconocidas y seres queridos plantearon en mi mente tres preguntas fundamentales que actuaron como cimientos para un reinicio total de mi existencia.

La primera interrogante: "¿Por qué cosas malas le pasan a personas buenas?", surgió como un eco en medio de la injusticia percibida en el sufrimiento de aquellos que, por sus acciones positivas y virtudes, parecían no merecer enfrentar tal adversidad. Este cuestionamiento me llevó a explorar la complejidad de la existencia y a aceptar que, a veces, las respuestas no se encuentran en una lógica directa, sino en la capacidad de encontrar significado en medio de la adversidad. Esta interrogante reverberó como un eco en el tejido mismo de la existencia, resonando en medio de la aparente injusticia que se manifestaba en el sufrimiento de aquellos individuos que, guiados por sus acciones positivas y virtuosas, parecían estar en desacuerdo con la adversidad que enfrentaban.

Al explorar la complejidad de este dilema existencial, emergió la comprensión de que la vida no se rige por una equidad calculada. En lugar de encontrar respuestas concretas, descubrí la capacidad de las personas para hallar significado en medio de la adversidad. Aquello que parecía un sinsentido comenzó a revelarse como una oportunidad para el crecimiento personal, la resiliencia y la transformación.

Es en la oscuridad de la prueba donde se destaca la luz de la fortaleza interior. La noción de que "lo malo solo es promoción de las cosas buenas" se convirtió en una voz de esperanza en medio de la tormenta. Las dificultades, en lugar de ser castigos inexplicables, se revelaron como catalizadores de crecimiento y catalizadores que empujan a las personas hacia niveles más profundos de compasión, empatía y autoconocimiento.

Este concepto desafía la perspectiva tradicional del sufrimiento como algo negativo y sin sentido. Al considerar que incluso las experiencias más difíciles pueden ser un vehículo para el florecimiento personal, se abren las puertas a una comprensión más rica y matizada de la existencia. Las personas buenas que enfrentan desafíos no son víctimas indefensas, sino artistas de la resiliencia, capaces de transformar el dolor.

En este recorrido, encontré un concepto poderoso que ilumina la oscuridad de la pregunta inicial: "lo malo solo es promoción de las cosas buenas". Esta perspectiva desafía la idea convencional de que el sufrimiento es únicamente una penalidad carente de sentido, proponiendo en su lugar que, en ocasiones, la adversidad puede ser un trampolín para mayores logros y crecimiento personal.

Ejemplos en la historia y la religión resaltan la validez de esta perspectiva. Job, un personaje bíblico, experimentó innumerables calamidades aparentemente sin razón. Sin embargo, al final, su paciencia y fe fueron recompensadas con una restauración completa. De manera similar, Jesús, a pesar de enfrentar crucifixión y sufrimiento, llevó consigo una redención que transformó su sacrificio en un bien mayor para la humanidad.

En el relato de las desgracias que afectan a personas justas, como Job y Jesús, emerge la complejidad del sufrimiento humano y la cuestión del "por qué" detrás de tales pruebas. La narrativa a menudo plantea la pregunta espiritual y filosófica de por qué un Dios benevolente permitiría que sus fieles enfrenten adversidades aparentemente injustas.

La paradoja de la justicia y el sufrimiento ha sido tema de reflexión teológica durante siglos. Algunas corrientes de pensamiento sugieren que el sufrimiento puede ser parte de un proceso más amplio de crecimiento espiritual y transformación. En este contexto, Dios no permite el sufrimiento como castigo, sino como una oportunidad para que las personas fortalezcan su fe y desarrollen una mayor comprensión de sí mismas.

La historia de Job, un hombre piadoso que enfrenta pérdidas y enfermedades extremas, ilustra esta perspectiva. A pesar de sus sufrimientos, Job mantiene su fe y, al final, experimenta una restauración abundante. Esta narrativa sugiere que, a veces, el sufrimiento puede ser un camino hacia una mayor comprensión de la gracia divina y la fortaleza espiritual.

En el caso de Jesús, su sacrificio en la cruz se interpreta como un acto redentor que trasciende el sufrimiento individual. La teología cristiana sostiene que, a través de la crucifixión y resurrección, Jesús redimió a la humanidad del pecado y la muerte. Su sufrimiento se convierte en un medio para un fin más elevado, un acto de amor y redención que lleva a la salvación.

Dios, desde esta perspectiva, no envía el sufrimiento de manera caprichosa, sino que lo permite como parte de un plan divino más amplio. Este enfoque desafía la comprensión convencional de la justicia, ya que sugiere que la perspectiva eterna de Dios supera nuestra limitada comprensión temporal. A través del sufrimiento, las personas pueden experimentar la gracia, la resistencia y, en última instancia, una conexión más profunda con la espiritualidad.

Entender por qué Dios permite que las personas justas enfrenten adversidades a menudo implica una confianza profunda en la sabiduría y el propósito eterno, incluso cuando esos propósitos no son evidentes de inmediato. La fe, la paciencia y la perseverancia son virtudes que surgen en medio de las pruebas, y la creencia en un propósito más grande puede ofrecer consuelo en tiempos de sufrimiento aparentemente injusto.

Si le echamos un vistazo a la historia contemporánea, aparte de Job y Jesús,, existe un extenso listado de personajes de la actualidad que hoy quedaron registrados en la historia, si no antes haber enfrentado la adversidad y haberla superado, como Nelson Mandela, quien emergió como un líder incuestionable después de décadas de encarcelamiento injusto; Malala Yousafzai, la valiente defensora de la educación que sobrevivió a un atentado talibán; y Stephen Hawking, el renombrado físico teórico que desafió las limitaciones físicas impuestas por la esclerosis lateral amiotrófica.

Además, podemos mirar a figuras contemporáneas como Oprah Winfrey, cuya infancia difícil no la detuvo para convertirse en un magnate de los medios y filántropa influyente. También está J.K. Rowling, que pasó por momentos de extrema dificultad antes de crear la icónica serie de libros de Harry Potter, que la catapultó a la fama mundial. La vida de Viktor Frankl, un psiquiatra que sobrevivió a los horrores de los campos de concentración nazis, es un testimonio conmovedor de cómo incluso en las circunstancias más desgarradoras, la búsqueda de significado puede ser la fuerza impulsora detrás de la supervivencia.

Estos ejemplos revelan una constante en la experiencia humana: la adversidad puede convertirse en un catalizador para el crecimiento personal y el logro extraordinario. Los desafíos, ya sea la discriminación racial, la violencia, la enfermedad o la pobreza, han sido enfrentados por individuos notables que, a través de su resiliencia y determinación, han dejado una huella indeleble en la historia.

Estos relatos contemporáneos subrayan la capacidad humana para convertir la adversidad en oportunidad, la tristeza en fuerza y la desesperación en resiliencia. Aunque las circunstancias varíen, la narrativa persiste: a menudo es en los momentos más oscuros donde la luz interior de la humanidad brilla con mayor intensidad.

En este contexto, la adversidad no solo se presenta como un obstáculo temporal, sino como un terreno fértil para el crecimiento personal y la realización de potencial. A través de la superación de desafíos, estos individuos han contribuido no solo a sus propias vidas sino también al tejido mismo de la historia humana, recordándonos que nuestras luchas pueden ser los cimientos sobre los cuales construimos un futuro más resiliente y esperanzador.

""Y me ha dicho: Bástate mi gracia; porque mi poder se perfecciona en la debilidad. Por tanto, de buena gana me gloriaré más bien en mis debilidades, para que repose sobre mí el poder de Cristo". 2 Corintios 12:9 RVR1960

La segunda pregunta, "¿Quién es Dios?", se convirtió en una pregunta que afirma mi espiritualidad y la conexión con algo más grande que nosotros mismos. En medio de la incertidumbre, esta pregunta actuó como un llamado a explorar mi relación con lo sobrenatural, a comprender la naturaleza de la trascendencia y a encontrar consuelo en la creencia en algo más allá de la comprensión humana.

Esta pregunta generó una reacción sorprendente en mi círculo cercano. El estado de alarma entre familiares y conocidos fue palpable; algunos incluso expresaron preocupación, temiendo que mi fe se hubiera tambaleado. Aquellos que me conocen bien saben que siempre he sido un fiel creyente y un hombre de fe inquebrantable. Sin embargo, esta pregunta no surgía de la duda, sino de una profunda reflexión motivada por las experiencias vividas durante la pandemia de COVID-19.

En medio de la crisis sanitaria mundial, las preguntas trascendentales se volvieron imperativas. La lucha contra la enfermedad, la pérdida de seres queridos y la incertidumbre general llevaron mi espiritualidad a una encrucijada. La pandemia se convirtió en un catalizador que me impulsó a reformular, de una vez por todas, mi percepción de Dios. Este cuestionamiento no representaba un alejamiento de la fe, sino un intento sincero de comprender y servir a lo divino de una manera más auténtica.

La introspección resultante me llevó a reconocer que mi imagen de Dios necesitaba evolucionar. Ya no podía conformarme con una comprensión simplista o limitada. La crisis mundial sirvió como una llamada de atención para explorar dimensiones más profundas de la divinidad y entender cómo Dios se manifiesta en medio del sufrimiento humano.

La pregunta sobre la naturaleza de Dios se convirtió en un viaje espiritual en el que busqué discernir la esencia de lo divino en un mundo marcado por la fragilidad y la impermanencia. En lugar de ver esta indagación como una pérdida de fe, la percibí como una oportunidad de crecimiento y enriquecimiento espiritual. Buscaba no solo entender a Dios, sino también descubrir cómo poder ser un instrumento más eficaz en sus manos. Este viaje espiritual continuo se convirtió en una herramienta para servir de manera más auténtica y comprometida, reconociendo la necesidad de adaptar mi comprensión de lo trascendental a medida que evoluciono como individuo y como creyente.

Este proceso de reevaluación no es ajeno a las tradiciones espirituales. Muchos líderes religiosos y pensadores han experimentado momentos de transformación espiritual, llevándolos a abordar la cuestión fundamental de quién es Dios en un mundo complejo y desafiante.

La pregunta sobre la naturaleza de Dios no debilitó mi fe; al contrario, la fortaleció al permitirme abrazar una comprensión más rica y matizada de la divinidad. Creo que toda persona que se dice ser un creyente de Dios y vive en un entorno espiritual debería realizarse esta misma pregunta, ya que en reiteradas ocasiones queremos encajonar a Dios y sus misterios con nuestros conceptos e ideas, ¡cómo podemos encerrar a un Dios infinito con conceptos y espacios infinitos!

"Porque mis pensamientos no son vuestros pensamientos, ni vuestros caminos mis caminos" —dijo el señor. Como son más altos los cielos que la tierra, así son mis caminos más altos que vuestros caminos, y mis pensamientos más que vuestros pensamientos". ". Isaías 55:8-9.

La tercera pregunta: "¿Qué conexión tienen estos hechos con mi propósito de vida?", se convirtió en un pilar esencial para la redefinición de mi camino. La crisis evidenció la fragilidad de la vida y la importancia de vivir en alineación con un propósito más profundo. Esta pregunta guió mis decisiones, inspirándome a buscar un sentido más elevado en mis acciones diarias y a contribuir al bienestar de los demás.

Estas tres preguntas fundamentales actuaron como catalizadores para un viaje de autodescubrimiento y reinvención. En lugar de ser abrumado por la incertidumbre y el sufrimiento que rodeaban al año 2020, elegí utilizar estas preguntas como herramientas para encontrar significado, crecimiento espiritual y propósito en medio de la adversidad. Este capítulo en mi vida, aunque desafiante, se convirtió en una oportunidad para redefinir mi relación con el mundo, con la espiritualidad y, más importante aún, con mi propio propósito de vida.

"La Conexión de Propósito y la Prosperidad sin Límites"

En el tejido del universo, cada uno de nosotros tiene un papel único; una contribución valiosa que aportar a la sinfonía cósmica. En la búsqueda de una vida de prosperidad sin límites, la clave reside en descubrir y nutrir nuestra conexión de propósito con el mundo que nos rodea. La comprensión profunda de nuestro propósito puede ser el catalizador de una prosperidad que va más allá de los límites convencionales.

La búsqueda del propósito a menudo comienza con una introspección profunda. ¿Cuál es nuestra pasión? ¿En qué actividades perdemos la noción del tiempo? Estas son pistas que nos guían hacia nuestro propósito interior. Al alinearnos con nuestras verdaderas inclinaciones, no solo encontramos un significado más profundo en lo que hacemos, sino que también abrimos las puertas a un flujo natural de prosperidad.

La conexión de propósito nos lleva a comprender que la verdadera prosperidad no es solo para nuestro beneficio individual, sino también para el bienestar colectivo. Cuando descubrimos cómo nuestras habilidades y dones se entrelazan con las necesidades del mundo, creamos una corriente de prosperidad que fluye en ambas direcciones. La contribución a un propósito más grande se convierte en un imán para la abundancia.

La prosperidad sin límites se manifiesta cuando alineamos nuestros esfuerzos con un propósito que va más allá de nuestras metas individuales. Al buscar el bienestar de otros, encontramos una reciprocidad enriquecedora que trasciende las limitaciones de la autosuficiencia. En la colaboración y la conexión con un propósito mayor, se despiertan posibilidades ilimitadas.

La conexión de propósito desafía los límites mentales que a veces nos imponemos. Al comprender que nuestra contribución tiene un impacto significativo, nos liberamos de las creencias limitantes que podrían obstaculizar nuestro camino hacia la prosperidad. La mente abierta y receptiva se convierte en el terreno fértil para la semilla de la abundancia.

Cuando vivimos alineados con nuestro propósito, la prosperidad se convierte en una espiral ascendente. Cada acción, cada elección, se convierte en una inversión en nuestro propósito, generando un retorno de abundancia que nutre no solo nuestra vida material sino también nuestra alma. Esta espiral ascendente se alimenta de gratitud y conexión, cerrando el círculo de prosperidad.

En otras palabras, la conexión de propósito es el vínculo esencial entre una vida significativa y la prosperidad sin límites. Al descubrir y abrazar nuestro papel en el tapiz del universo, encontramos un flujo constante de abundancia que va más allá de nuestras expectativas. Vivir en conexión con nuestro propósito no solo nos enriquece a nivel individual, sino que también nos convierte en catalizadores de prosperidad para el mundo que habitamos. Invitamos a cada lector a explorar su propósito con curiosidad y valentía, reconociendo que en la conexión con lo que realmente importa, descubrimos la llave maestra hacia una vida de prosperidad.

Hacer para Tener vs. Ser para Tener:

Desentrañando el Propósito y la Prosperidad Plena

A menudo nos vemos inmersos en la dicotomía entre "hacer para tener" y "ser para tener". Este capítulo explora estas dos perspectivas fundamentales y cómo están intrínsecamente vinculadas con nuestro propósito de vida y la búsqueda de una prosperidad plena.

Hacer para tener: La carrera incesante

carrera incesante

"Hacer para tener" se entrelaza estrechamente con la percepción de que somos lo que hacemos. En este paradigma, nuestra identidad se vincula directamente con nuestros logros, nuestras posesiones y nuestras acciones externas. Sin embargo, esta conexión puede desviarnos del núcleo esencial de quiénes somos, llevándonos a perder de vista nuestra verdadera identidad y propósito.

La creencia errónea de que nuestra valía está determinada por lo que logramos o por las posesiones que acumulamos puede desencadenar un proceso de extraviarnos de nuestra auténtica esencia. A medida que nos sumergimos más profundamente en la incesante carrera de "hacer para tener", corremos el riesgo de perder de vista las partes más profundas y significativas de nosotros mismos.

Es fácil confundir el éxito externo con la autenticidad interna. La sociedad a menudo refuerza la idea de que el reconocimiento externo y la acumulación material son indicadores claros de una vida exitosa. Sin embargo, esta perspectiva puede llevarnos a vivir en función de expectativas externas en lugar de conectarnos con nuestras verdaderas pasiones y valores intrínsecos.

En este proceso, es posible extraviarnos de nuestro propósito auténtico y perder la conexión con lo que realmente importa. La búsqueda constante de validación externa y logros materiales puede crear una desconexión interna, dejándonos y preguntándonos si alguna vez estaremos lo suficientemente satisfechos.

Reconocer que no somos simplemente lo que hacemos ni lo que tenemos es un primer paso crucial para reencontrarnos con nuestra verdadera identidad. Explorar nuestro ser interior, comprender nuestras motivaciones más profundas y reconocer nuestras verdaderas pasiones nos permitirá alinearnos con un propósito que va más allá de las expectativas externas.

La invitación a "ser para contribuir" resalta la importancia de reconectar con nuestra esencia más auténtica y cultivar un sentido de identidad que no se basa únicamente en logros externos. Este enfoque implica explorar quiénes somos en un nivel más profundo y cómo podemos contribuir positivamente al mundo de maneras alineadas con nuestros valores fundamentales.

En última instancia, liberarnos de la trampa de "hacer para tener" y reconocer que nuestra verdadera identidad, va más allá de nuestras acciones externas, nos permite recuperar el rumbo hacia nuestro propósito auténtico. Al hacerlo, abrimos la puerta a una vida más plena, en la que la búsqueda de significado y autenticidad nos guía, llevándonos hacia una realización más profunda y sostenible.

Ser para tener, raíz de la verdadera prosperidad

Todos nosotros llegamos a este plano físico con un propósito divinamente trazado, con roles predestinados antes incluso de encarnarnos en estos cuerpos físicos. Antes de ser concebidos por nuestros padres, éramos almas en lo infinito, entrelazadas en un tejido espiritual que nos conecta. Según la espiritualidad, éramos parte de un grupo de almas con un destino en común.

"Y sabemos que a los que aman a Dios, todas las cosas les ayudan a bien, esto es, a los que conforme a su propósito son llamados. Porque a los que antes conoció, también los predestinó para que fuesen hechos conformes a la imagen de su Hijo, para que él sea el primogénito entre muchos hermanos. Y a los que predestinó, a estos también llamó; y a los que llamó, a estos también justificó; y a los que justificó, a estos también glorificó". Romanos 8:28-30.

La Biblia afirma que todas las almas pertenecen a Dios y nos habla de una predestinación divina. Desde la perspectiva bíblica, Dios nos conoció antes de nuestro nacimiento, nos predestinó para cumplir un propósito específico, nos llamó hacia ese propósito, nos justificó en su plan divino y, finalmente, nos glorificó como seres con un papel único en esta dimensión.

Al llegar a este mundo, no somos fruto del azar ni producto de un error de cálculo. Cada detalle, de quienes serían nuestros padres, nuestro tono de piel hasta el lugar de nuestro nacimiento, fue cuidadosamente planeado.

Somos ejecutores de un plan celestial meticulosamente orquestado, donde cada experiencia, encuentro y desafío tiene un propósito claro. En lugar de ser improvisados, somos el resultado de una trama celestial bien urdida. ¿Qué ocurre cuando nos alejamos de nuestro propósito? Cada Cada individuo busca descubrir y perseguir su propósito en la vida. Este propósito es el motor que impulsa nuestras acciones, nos da dirección y significado. Sin embargo, en ocasiones, nos encontramos desviándonos del camino que nos lleva hacia nuestro propósito, y esto puede tener consecuencias.

Cuando nos alejamos de nuestro propósito, es como si navegáramos sin rumbo. . Perdemos la claridad y la motivación que nos guían hacia nuestras metas. En lugar de avanzar con determinación, nos encontramos vagando sin sentido, atrapados en la rutina y la monotonía.

Uno de los efectos más palpables de alejarnos de nuestro propósito es el sentimiento de vacío y descontento. Nos damos cuenta de que nuestras acciones y decisiones carecen de significado y nos preguntamos qué estamos haciendo con nuestras vidas. Esta sensación de insatisfacción puede llevar a la apatía y la falta de motivación, lo que dificulta aún más nuestro retorno al camino correcto.

Además, alejarnos de nuestro propósito puede afectar nuestra salud mental y emocional. Nos sentimos abrumados por la ansiedad y el estrés, ya que estamos constantemente luchando contra una sensación de inquietud y malestar. La falta de alineación con nuestro propósito puede incluso conducir a problemas más graves, como la depresión y la pérdida de autoestima.

Nos encontramos atrapados en trabajos que no nos inspiran ni nos desafían, y nos conformamos con una vida profesional mediocre en lugar de perseguir nuestros verdaderos sueños y aspiraciones.

Por otro lado, cuando nos acercamos a nuestro propósito, experimentamos un sentido renovado de energía y entusiasmo. Nos sentimos más conectados con nosotros mismos y con el mundo que nos rodea. Encontramos satisfacción en nuestras acciones y decisiones, y nos convertimos en agentes activos de cambio y crecimiento personal.

Al reconectar con nuestro propósito, podemos recuperar el rumbo y encontrar la alegría y la realización que tanto anhelamos. La pregunta aquí sería ¿cómo nos reencontramos con nuestros propósitos de vida para vivir en un estado de prosperidad?

"Ser para tener" representa un cambio de paradigma que coloca el énfasis en el crecimiento personal y espiritual como la base de la verdadera prosperidad. Aquí, la idea central es que al ser quienes estamos destinados a ser, al alinearnos con nuestro propósito, creamos un imán para la abundancia. En lugar de buscar externamente, nos sumergimos en el viaje interno de autodescubrimiento.

"Hacer para tener" a menudo está desconectado de nuestro propósito de vida más profundo. En la búsqueda frenética de logros materiales, es fácil perder de vista lo que realmente nos nutre espiritualmente. En contraste, "ser para tener" está relacionado con descubrir y vivir nuestro propósito. Al abrazar quiénes somos realmente, encontramos una fuente continua de dirección.

Si bien "hacer para tener" puede brindar comodidades externas, la verdadera plenitud reside en "ser para tener". Aquí, la prosperidad se extiende a todos los aspectos de nuestra vida: relaciones significativas, bienestar emocional y una conexión profunda con nuestro entorno. La verdadera riqueza se manifiesta cuando somos fieles a nuestro propósito.

Esto implica una transformación interna que inevitablemente se refleja en nuestro entorno externo. Al abrazar nuestro propósito y crecer desde adentro, creamos un campo magnético que atrae experiencias y oportunidades alineadas con nuestra verdadera naturaleza. La prosperidad fluye de manera natural cuando estamos en armonía con nuestro ser esencial.

El camino hacia una prosperidad plena radica en comprender la diferencia entre "hacer para tener" y "ser para tener". Al alinear nuestras acciones con nuestro propósito, transcendemos las limitaciones de la búsqueda materialista y abrazamos una riqueza que va más allá de lo cuantificable. Este capítulo invita a cada lector a explorar su propia relación con estas perspectivas, reconociendo que la verdadera prosperidad emerge cuando somos auténticos con nosotros mismos y vivimos desde el corazón de nuestro propósito de vida.

Principio 5 Estado de conciencia elevado. Elevado Elevado

En el extraordinario viaje a través de la mente humana, exploramos los misterios de la conciencia. Desde la percepción de la realidad hasta los intrincados tejidos de la vigilia y la atención.

Un estado de conciencia en términos simples es la percepción que una persona tiene de la realidad.

El estado de conciencia se refiere al nivel y calidad de la percepción, la atención y la capacidad de procesamiento mental que posee un individuo en un momento dado. Implica la toma de conciencia del entorno, de uno mismo y de las experiencias internas y externas.

El estado de conciencia abarca la capacidad de percibir y procesar información de manera consciente, lo que implica una conexión directa con la realidad circundante. Este estado no solo se limita a la vigilia y la atención a estímulos externos, sino que también incluye la conciencia interna, como pensamientos, emociones y sensaciones corporales.

Elevar tu nivel de conciencia es un viaje personal y continuo que puede enriquecer tu vida y tu comprensión del mundo que te rodea. Con el tiempo y la práctica, puedes llegar a una comprensión más profunda de ti mismo y de tu lugar en el universo. La conciencia es un concepto fundamental en la psicología y la filosofía que se refiere a la capacidad de ser consciente de uno mismo, de su entorno y de sus propios pensamientos y emociones. Es la facultad que nos permite experimentar y comprender el entorno, así como nuestras propias experiencias de vida. La importancia de la conciencia radica en varios aspectos. La conciencia nos permite conocernos a nosotros mismos, nuestras emociones, pensamientos y motivaciones. Esta autoconciencia es esencial para el crecimiento personal y el desarrollo. Estar consciente de nuestras opciones y sus posibles consecuencias nos ayuda a tomar decisiones informadas y alineadas con nuestros valores y objetivos.

La conciencia nos permite comprender y conectar con los demás, ya que podemos ponernos en el lugar de otra persona y comprender sus sentimientos y perspectivas.

La conciencia amplía nuestra capacidad para ser creativos y encontrar soluciones efectivas a los desafíos que enfrentamos. Debemos iniciarnos un camino en la elevación de nuestra conciencia y mejorar nuestra percepción de esta realidad; a medida que incursionemos en esta senda, un estado de prosperidad interna no se hará esperar; será inminente un estado de plenitud integral.

La conciencia implica la capacidad de focalizar la atención en experiencias específicas, ya sean provenientes del entorno externo o del mundo interno de la mente. Este proceso de focalización permite que la mente dirija sus recursos cognitivos hacia determinadas tareas, percepciones o reflexiones.

Pensamiento o conciencia

La diferencia entre pensamiento y conciencia es fundamental para comprender la mente humana. El pensamiento se refiere al proceso mental de generar ideas, reflexiones o representaciones mentales, mientras que la conciencia es la capacidad de tener una experiencia subjetiva, de ser consciente de sí mismo y del entorno. Aunque el pensamiento puede ser un componente de la conciencia, esta última implica una comprensión más profunda y holística que abarca la autoconciencia y la percepción del contexto. Mientras que el pensamiento puede ser automático y abarcar una gama amplia de actividades mentales, la conciencia implica una reflexión más completa y una conexión con la experiencia vivida. Ambos son elementos cruciales en la comprensión de la mente, pero sus diferencias radican en la naturaleza de la actividad mental y la experiencia subjetiva asociada.

Ejemplo:

Imagina que estás sentado en un parque, observando a la gente y reflexionando sobre la naturaleza de la vida. Tu pensamiento podría abordar una amplia gama de ideas: desde considerar la diversidad de las personas a tu alrededor hasta reflexionar sobre conceptos filosóficos. Estás inmerso en el proceso mental del pensamiento.

Ahora, en ese mismo momento, experimentas la conciencia cuando te das cuenta de que estás teniendo esos pensamientos. Te vuelves consciente de tu propia existencia, de tus emociones y de cómo percibes el entorno. La conciencia agrega una capa más profunda, conectándote directamente con la experiencia subjetiva de estar presente en ese instante, mientras que el pensamiento es solo una parte de esa experiencia más amplia de conciencia.

El estado de conciencia puede variar en intensidad y claridad, desde momentos de profunda concentración hasta estados más relajados o incluso estados alterados de conciencia, como durante el sueño o la meditación. Además, la conciencia puede ser selectiva, permitiendo que ciertos estímulos o pensamientos sean prominentes mientras otros quedan en segundo plano.

En resumen, el estado de conciencia es un fenómeno multifacético que abarca la percepción, la atención y la introspección, y es esencial para la experiencia humana y la interacción con el entorno y consigo mismo.

La percepción

La percepción es un proceso complejo mediante el cual los seres humanos interpretan y organizan la información sensorial para crear una representación consciente del mundo que les rodea. Este fenómeno implica la integración de estímulos sensoriales, como la vista, el oído, el tacto, el olfato y el gusto, para construir una experiencia unificada y significativa.

Factores que influyen en la percepción

La percepción opera como un proceso dinámico y adaptable, permitiendo a los individuos interactuar eficazmente con su entorno. La interacción entre los sentidos, el sistema nervioso y la mente crea una experiencia única y subjetiva de la realidad.

Niveles de conciencia

En la incansable búsqueda de la prosperidad sin límites, las personas pueden manifestar tanto un bajo como un alto nivel de conciencia o percepción, ya sea en el plano físico o en el sobrenatural. Aquellos con un alto nivel de conciencia podrían adoptar enfoques holísticos y reflexivos hacia la prosperidad, reconociendo las múltiples facetas que la componen y trabajando de manera equilibrada para alcanzarla.

Desde una perspectiva física, un individuo con alta conciencia podría ser consciente de las oportunidades que se presentan en su entorno, aprovechando sus habilidades y recursos de manera estratégica. Su enfoque podría ir más allá de una mera acumulación material, sí sí no de conciencia de esos recursos y su pleno aprovechamiento, sin dejar atrás aspectos como el bienestar emocional, las relaciones significativas y contribuciones positivas a la sociedad.

En el ámbito sobrenatural, alguien con alta conciencia podría explorar creencias y prácticas que amplíen su comprensión de la prosperidad más allá de los límites convencionales. Esto podría incluir la conexión a través de una expansión con la espiritualidad, la práctica de rituales que fomentan la abundancia o la adopción de filosofías que resaltan la armonía entre lo material y lo espiritual.

Contrastando, aquellos con un bajo nivel de conciencia podrían estar atrapados en perspectivas más limitadas de la prosperidad, centradas únicamente en el éxito material o en la acumulación de bienes. Podrían pasar por alto aspectos emocionales, relaciones interpersonales o dimensiones más profundas de satisfacción personal.

En la búsqueda de prosperidad sin límites, la conciencia y la percepción juegan un papel crucial al dirigir las elecciones y decisiones de cada individuo. Aquellos con un alto nivel de conciencia pueden cultivar una visión más expansiva y equilibrada de la prosperidad, integrando aspectos físicos y espirituales para lograr un bienestar integral. Por otro lado, aquellos con baja conciencia y percepción pueden limitar su búsqueda a medidas más superficiales, perdiendo la riqueza de oportunidades y experiencias que podrían contribuir a una prosperidad más completa y sostenible.

La supraconciencia DAAT

Así como la anatomía del cuerpo humano tiene algunas partes en pares, es decir los pies, las manos, los ojos, las orejas, los orificios nasales, y podríamos seguir mencionando otros conjuntos de órganos con las mismas características, en esta ocasión me enfocaré en nuestro magnífico órgano llamado cerebro. Nuestro cerebro es un órgano del cuerpo que aún no se ha podido explorar en su totalidad y unos de los órganos que como musicoterapeuta me ha fascinado comprender una fracción de su funcionamiento. El cerebro cuenta con dos hemisferios derecho e izquierdo. Estos dos desempeñan funciones distintas en diversos procesos cerebrales. A continuación, aquí se detallan algunas de las funciones asociadas con cada hemisferio:

Hemisferio Izquierdo:

Inteligencia

Pensamiento lógico

Lenguaje

Habilidades analíticas

Habilidades

Matemáticas

Control del lado Derecho del cuerpo

Hemisferio derecho:

Sabiduría

creatividad e intuición.

Procesamiento de emociones.

Control del lado izquierdo del cuerpo

Reconocimiento de patrones

Conciencia musical

Es crucial subrayar que estas funciones son generalizaciones y que la actividad cerebral es altamente individual y adaptable. Ambos hemisferios trabajan en conjunto, y su colaboración permite la riqueza y la complejidad del pensamiento humano y del comportamiento. Pero en muchas ocasiones no existe una conciencia plena de este funcionamiento en conjunto. En. En muchas ocasiones podemos acondicionar un lado del cerebro a funcionar más óptimo que el otro. Lograr una conexión entre ambos hemisferios cerebrales para tener una conciencia plena y expandida.

Lograr que ambos hemisferios lleguen a tener una conexión intrínseca ocurriría un estado de conciencia plena que es conocido como supra conciencia, o espíritu superior o Data, como también se le conoce. Cuando esté. esté. Cuando esta conexión entre la inteligencia y la sabiduría, entre la lógica y la intuición o entre la creatividad y el análisis se lleva a cabo, entramos en un estado de conciencia expandida que nos permite experimentar fenómenos sobrenaturales que conocemos como revelaciones.

La religión extrema a menudo sostiene la creencia de que los estados de revelación provienen exclusivamente de una conexión divina, sin tener en cuenta la complejidad y diversidad de los procesos mentales. Esta perspectiva estrecha tiende a desvincular los estados de revelación de la rica red de interacciones entre la lógica, la sabiduría y otros procesos cognitivos, resultando en una pérdida de visión respecto a las amplias posibilidades que ofrece la exploración integral de la mente.

En lugar de reconocer la interconexión de diversas facultades mentales, el pensamiento religioso a menudo promueve una separación tajante entre lo divino y lo humano, sugiriendo que la iluminación solo se alcanza a través de revelaciones directas. Este enfoque, aunque puede brindar consuelo y sentido de propósito, puede también limitar la comprensión de las complejidades intrínsecas de la mente humana y las múltiples vías hacia la sabiduría.

Una visión más amplia podría considerar que la búsqueda de la verdad y la iluminación implica la integración de la lógica, la reflexión crítica y la sabiduría acumulada a lo largo de la experiencia humana. La exploración de la mente y sus capacidades podría abrir puertas a una comprensión más completa, permitiendo el reconocimiento de diversas perspectivas y la apertura a nuevas posibilidades en la búsqueda de la verdad espiritual y la conexión con lo trascendental. En este sentido, la sinergia entre la lógica y la sabiduría podría enriquecer la experiencia espiritual, ofreciendo una visión más respetuosa de la complejidad humana y su búsqueda de significado.

Permítame compartirles algunas pruebas que sostienen y evidencian estas ideas basadas en las escrituras.

Conexión que trae revelación

"Viniendo Jesús a la región de Cesarea de Filipo, preguntó a sus discípulos, diciendo: ¿Quién dicen los hombres que es el Hijo del Hombre?" Hombre?" "Hombre?" Ellos dijeron: unos, Juan el Bautista; otros, Elías; y otros, Jeremías, o

alguno de los profetas. Él les dijo: Y vosotros, ¿quién decís que soy yo? Respondiendo Simón Pedro, dijo: Tú eres el Cristo, el Hijo del Dios viviente. Entonces le respondió Jesús: Bienaventurado eres, Simón, hijo de Jonás, porque no te lo reveló carne ni sangre, sino mi Padre que está en los cielos. S. Mateo 16:13-17 RVR1960

En el escenario pagano de Cesarea de Filipo, donde las creencias espirituales divergían de la enseñanza de Jesús y sus discípulos, se despliega un diálogo revelador. Jesús, consciente de la multiplicidad de perspectivas, plantea dos preguntas cruciales que definirían el curso de la fe de la futura Iglesia.

La primera pregunta, en apariencia simple pero profundamente significativa, resuena en el aire cargado de variadas creencias: "¿Quién dicen los hombres que es el Hijo del Hombre?" Los discípulos, envueltos en la atmósfera espiritual diversa de Cesarea de Filipo, reflexionan antes de responder. Su respuesta refleja la amalgama de interpretaciones presentes en ese entorno singular: "Unos dicen que eres Juan el Bautista; otros, Elías; y otros, Jeremías, o alguno de los profetas".

Jesús, en su maestría comprensiva, no desestima esta respuesta, sino que la valida al reconocer que está arraigada en la percepción de quienes lo rodean. Es como si hubiera entendido que sus obras y enseñanzas evocaban comparaciones con figuras proféticas del pasado. Aquí yace la riqueza de su estrategia pedagógica: abrazar las creencias previas para luego elevar la comprensión espiritual.

Este diálogo no solo ilustra la diversidad de pensamientos en Cesarea de Filipo, sino también la habilidad de Jesús para usar estas creencias como puentes hacia una verdad más profunda. La percepción inicial, aunque correcta en términos relativos, sirve como trampolín para la revelación subsiguiente.

Este episodio en Cesarea de Filipo destaca la importancia de entender las creencias arraigadas en una comunidad antes de guiarla hacia una comprensión más elevada de la fe. Jesús, en su sabiduría, reconoce que el punto de partida es crucial y utiliza estas creencias existentes como cimientos para construir una comprensión más profunda del Reino de Dios.

En el instante posterior, Jesús plantea una segunda pregunta más reveladora aún, marcando un momento crucial en su interacción con los discípulos: "Y vosotros, ¿quién decís que soy yo?" Con esta pregunta, Jesús desvela un secreto profundo, sugiriendo que la verdadera esencia de su identidad se encuentra en la percepción de aquellos que comparten su día a día. Más allá de las opiniones externas, busca una comprensión arraigada en la conexión diaria, en la intimidad de la relación.

El maestro impulsa a sus discípulos a mirar más allá de las percepciones superficiales y a reconocerlo no solo por sus acciones, sino por quien él es para ellos. La trascendencia de esta pregunta radica en la revelación que nace de conocer a Jesús en su verdadera naturaleza.

En respuesta a esta profunda interrogante, emerge Pedro, no con titubeos sino con una afirmación resonante y reveladora: "Tú eres el Cristo, el Hijo del Dios viviente". Esta respuesta va más allá de una confesión teórica; es una afirmación arraigada en la relación cotidiana, en las experiencias compartidas y en el conocimiento íntimo de Jesús. Aunque Pedro, al igual que todos, enfrentará desafíos, su reconocimiento revela que nuestras fallas no son obstáculos insuperables para conocer verdaderamente a Dios, sino que todo es esencial para tener una revelación más profunda de él.

La revelación se origina de nuestras experiencias y conocimientos acumulados a lo largo de la vida. La respuesta de Pedro surgió de sus vivencias con Jesús, desde el momento en que comenzó a seguirlo hasta presenciar milagros como la pesca milagrosa y su intento de caminar sobre el agua.

Estos momentos de aprendizaje representan la intersección entre la inteligencia y la sabiduría, donde la lógica y la intuición se entrelazan para revelar una comprensión más profunda de la realidad. Pedro se enfrentó a situaciones que desafiaban su comprensión racional, pero su conexión con la sabiduría interior le permitió trascender las limitaciones de la mente y acceder a una comprensión más elevada.

Para alcanzar un estado de supra conciencia y revelación, es esencial no suprimir las experiencias; al contrario, se trata de integrar todas nuestras experiencias, tanto positivas como no tan positivas. La respuesta de Pedro desencadena una bendición única por parte de Jesús: "Bienaventurado eres, Simón, hijo de Jonás, porque no te lo reveló carne ni sangre, sino mi Padre que está en los cielos. Aquí, Jesús destaca un principio fundamental: la revelación auténtica está conectada a la percepción interna, arraigada en la relación personal con Dios.

Cada evento en nuestra vida tiene el potencial de ser un punto de inflexión en nuestro camino hacia el entendimiento más profundo. Al fusionar nuestras experiencias con la inteligencia y la sabiduría, podemos alcanzar un estado de Data, un conocimiento que va más allá de la mera comprensión intelectual y nos conecta con la esencia misma de la existencia.

La conexión entre la inteligencia y la sabiduría nos permite trascender las limitaciones de la mente y acceder a un estado de supra-conciencia o revelación. Al integrar nuestras experiencias y conocimientos, podemos alcanzar una comprensión más profunda de nosotros mismos y del mundo que nos rodea, llevándonos hacia un mayor sentido de plenitud y realización en nuestras vidas.

Principio 6: Atención plena

Recuerdo vivamente mi participación en el Reto Extremo de Carácter, una experiencia que trascendió los límites de lo ordinario y dejó una huella imborrable en mi vida. Nos embarcamos, 24 hombres de la ciudad de Panamá, hacia la ciudad de Guatemala, donde convergerían más de 250 hombres de diversas partes del mundo para un encuentro al aire libre que desafiaría nuestras habilidades y resistencia.

El reto nos llevó a sumergirnos en la selva, enfrentando la naturaleza en su forma más pura. Sobrevivir en ese entorno desafiante con recursos limitados se convirtió en un lienzo en blanco para descubrir la fortaleza interna. Sin embargo, a medida que nos aventurábamos más profundamente en la espesura de la selva y ascendíamos a la cima del volcán Tecuamburro, me encontré inmerso en reflexiones profundas.

Mientras dirigía mi mirada hacia la cima del camino, anhelando que mi destino estuviera próximo, una revelación se apoderó de mi mente. Este desafío, tan similar a la vida diaria, me mostró cómo a menudo me enfocaba exclusivamente en la meta, perdiendo de vista la magnificencia del camino y las bendiciones cotidianas que nos rodeaban.

En ese instante, una epifanía me recordó que en la vida lo más importante no sólo son las metas, si no el camino hacia ellas. Así como subir el volcán, el proceso de alcanzar nuestras metas cotidianas debería ser tan gratificante como la propia conquista. Al tomar conciencia de esta verdad, decidí cambiar mi perspectiva y comencé a saborear cada paso hacia mi objetivo.

Cada hoja crujiente bajo mis pies, cada sonido de la selva y cada interacción con mis compañeros se volvieron parte de una sinfonía que complementaba mi trayecto. A medida que avanzábamos hacia nuestro destino, aprecié cada pequeño logro y aprendí que la verdadera esencia de la vida se encuentra en los detalles del camino.

Este desafío no solo me llevó al límite de mis capacidades físicas, sino que también me otorgó una lección de vida invaluable: no solo debemos aspirar a nuestras metas, sino abrazar y disfrutar cada paso en el proceso. La selva, con su exuberante verdor y desafíos imprevistos, se convirtió en el espejo de mi propia existencia, recordándome que la belleza se encuentra en la jornada, no solo en la cima de la montaña.

La atención plena, también conocida como mindfulness, es una práctica y estado mental que involucra la conciencia consciente y sin juicios del momento presente. Se caracteriza por dirigir la atención de manera intencional a las experiencias del aquí y ahora, ya sean pensamientos, emociones, sensaciones corporales o el entorno circundante. La atención plena implica observar estos elementos con aceptación y apertura, sin aferrarse ni rechazar, lo que contribuye a una mayor claridad mental, reducción del estrés y una apreciación más profunda de la vida cotidiana. Es una disciplina arraigada en prácticas contemplativas y ha demostrado beneficios significativos para el bienestar emocional, la concentración y la calidad de vida.

Déficit de atención La epidemia silenciosa que afecta a todos

"Respondiendo él, les dijo: Hipócritas, bien profetizó de vosotros Isaías, como está escrito: Este pueblo de labios me honra, Mas su corazón está lejos de mí".

Marcos 7:6 RVR1960.

En el siglo actual, el término "déficit de atención" ha dejado de ser una etiqueta asociada exclusivamente con condiciones especiales para convertirse en una epidemia silenciosa que afecta a personas de todas las edades y trasfondos. Este fenómeno, que va más allá de las categorías tradicionales, se manifiesta de diversas formas, infiltrándose en nuestras vidas cotidianas de maneras sorprendentes. Es un problema generalizado.

Atrás quedaron los días en que el déficit de atención se asociaba principalmente con trastornos neuropsiquiátricos. En la era de la información instantánea y la constante estimulación visual, auditiva y digital, todos somos susceptibles a experimentar formas de déficit de atención. La multitarea constante, la sobreexposición a pantallas electrónicas y la rápida sucesión de estímulos han creado un entorno propicio para la dispersión de la atención.

Este déficit de atención generalizado no solo afecta la concentración individual, sino que también tiene un impacto significativo en la productividad. Las interrupciones constantes, ya sea a través de notificaciones en dispositivos móviles o la expectativa de respuesta inmediata, fragmentan la atención y dificultan la ejecución efectiva de las tareas diarias.

Desde las reuniones de trabajo hasta las interacciones sociales, el déficit de atención se manifiesta en diversas situaciones. La incapacidad para mantener la atención en una conversación, la constante necesidad de estimulación y la dificultad para seguir un hilo de pensamiento se han vuelto problemas comunes en la vida diaria.

La revolución tecnológica, aunque ha traído consigo innumerables beneficios, también ha contribuido a la propagación del déficit de atención. Las plataformas de redes sociales, diseñadas para captar la atención de manera rápida y constante, han creado un entorno digital que fomenta la fragmentación de la atención y la búsqueda constante de novedades.

Para contrarrestar esta epidemia de atención, es esencial fomentar prácticas de atención plena. El estado consciente del momento presente puede actuar como un antídoto, permitiendo a las personas recuperar el control sobre su atención y desarrollar la capacidad de concentrarse en una tarea a la vez.

La educación sobre el manejo consciente de la tecnología, la promoción de ambientes laborales que favorezcan la concentración y la adopción de estrategias para reducir las distracciones pueden ser pasos cruciales para combatir este déficit generalizado.

El déficit de atención ya no es solo un problema de ciertas condiciones especiales; se ha convertido en una realidad cotidiana para muchos. Abordar este desafío requiere una reflexión colectiva y la adopción de prácticas que restauren nuestra capacidad de atención en un mundo donde la distracción se ha vuelto omnipresente. Es hora de reconocer y enfrentar esta epidemia silenciosa para construir un futuro donde la atención plena sea la norma, no la excepción.

Jesús reprende a aquellos cuya adoración es solo superficial. Tiene una profunda relevancia en el contexto del déficit de atención y sus implicaciones en nuestra capacidad para vivir plenamente. Este pasaje nos invita a reflexionar sobre cómo la desconexión entre nuestras acciones externas y la atención interna puede impactar negativamente nuestra relación con lo divino y, por extensión, con nuestra propia plenitud de vida.

La modernidad nos ha sumergido en un océano de distracciones, donde la atención se divide entre múltiples estímulos, dejando poco espacio para la reflexión profunda y la conexión significativa. En este panorama, el déficit de atención se manifiesta como una barrera que separa nuestra adoración externa, representada por "labios que honran", de la atención interna, indicada por "el corazón lejos".

En el contexto espiritual, el déficit de atención puede traducirse en una adoración meramente superficial. Podemos estar presentes físicamente en prácticas religiosas, pronunciar palabras de devoción, pero si nuestra mente está divagando, si nuestro corazón está ausente, la verdadera conexión espiritual se ve comprometida. Este desajuste entre la expresión externa y la atención interna refleja la advertencia de Jesús sobre la hipocresía espiritual.

La historia bíblica de Elías, desafiando al pueblo a elegir entre seguir a Dios o a los Baales o dioses extraños, nos brinda una poderosa lección sobre la importancia de la atención plena en nuestras vidas.

En este relato, Elías se dirige al pueblo con una pregunta contundente: "¿Hasta cuándo claudicaréis vosotros entre dos pensamientos?" Esta pregunta retumba en el corazón de cada individuo, ya que a menudo nos encontramos atrapados en la dualidad y la ambigüedad de la mente, sin comprometernos plenamente con ninguna opción.

En el caso del pueblo en el relato bíblico, su falta de respuesta ante la pregunta de Elías refleja su indecisión y falta de compromiso. Estaban divididos entre seguir a Jehová o a Baal, sin tomar una decisión definitiva. Esta fragmentación de pensamiento los dejó en un estado de inacción y confusión.

Elías desafía al pueblo a seguir a Jehová, demostrando su firmeza y convicción en su elección.

La atención plena nos enseña a reconocer y aceptar nuestros pensamientos y emociones sin juzgarlos. Nos invita a estar presentes en el momento presente, sin preocuparnos por el pasado o el futuro. Al adoptar esta actitud de aceptación y apertura, podemos tomar decisiones con mayor claridad y confianza.

La práctica de la atención plena nos ayuda a cultivar la claridad mental y la conciencia necesarias para tomar decisiones alineadas con nuestros valores y propósitos más profundos. Nos permite sintonizar con nuestra intuición y sabiduría interior para elegir el camino que mejor nos sirva, en lugar de dejarnos llevar por las expectativas externas o las influencias sociales.

De manera similar, la práctica de la atención plena nos fortalece para enfrentar los desafíos de la vida con confianza y determinación, guiados por nuestra propia verdad interior.

Cuando nuestras mentes están constantemente divagando, cuando nos enfrentamos a la vida con una atención fragmentada, perdemos la riqueza de la experiencia presente. La plenitud de vivir se encuentra en la capacidad de sumergirse completamente en el momento, de apreciar cada experiencia con una atención consciente.

El llamado a la atención plena, a la integración de nuestras acciones externas con una atención interna plena y comprometida. Invita a la reflexión sobre cómo el déficit de atención puede ser una barrera para experimentar la plenitud espiritual y vital. La atención sincera y enfocada no solo nutre nuestra conexión, sino que también enriquece cada aspecto de nuestra existencia, permitiéndonos vivir de manera más auténtica y plena.

La Atención Plena y el Enfoque Colectivo

La historia de la torre de Babel, narrada en el libro del Génesis, ofrece una perspectiva fascinante sobre la importancia del enfoque colectivo en la consecución de metas y los peligros de la falta de entendimiento compartido. Al explorar esta historia en el contexto de la atención plena, encontramos lecciones valiosas para nuestras aspiraciones colectivas.

En la historia bíblica, la diversidad de idiomas surge como un catalizador para la desconexión. La falta de entendimiento mutuo puede llevar al colapso de algún proyecto. Esta fragmentación lingüística simboliza la importancia de compartir un lenguaje común en la búsqueda de metas colectivas.

La atención plena en un contexto colectivo implica cultivar una visión compartida. Así como aquellos que construían la torre necesitaban un entendimiento común de su propósito, los grupos modernos también requieren una visión colectiva clara para mantener la cohesión y avanzar hacia metas compartidas.

La escucha activa y la comprensión mutua, aspectos fundamentales para evitar malentendidos y conflictos. La historia nos recuerda que la falta de comunicación efectiva puede resultar en la fragmentación de esfuerzos colectivos.

Una práctica atenta implica la integración de perspectivas diversas. En la construcción de la torre, la falta de atención a las diferentes formas de ver el proyecto condujo a la confusión.

Las distracciones y la falta de atención pueden resultar en consecuencias significativas. La atención consciente en un equipo permite responder ágilmente a los desafíos y ajustar el rumbo según sea necesario.

La coordinación y colaboración efectivas son esenciales para cualquier empresa colectiva. La atención plena promueve la capacidad de trabajar juntos armoniosamente, evitando la desconexión que llevó al fracaso de la Torre de Babel.

Para alcanzar metas compartidas, es crucial cultivar una visión común, fomentar la comprensión mutua y abrazar la diversidad. La atención plena en un entorno colectivo se convierte en un faro que guía hacia una colaboración armoniosa, permitiendo que los grupos alcancen alturas que, de lo contrario, podrían estar fuera de su alcance.

En la búsqueda incansable de una vida próspera y satisfactoria, la atención plena emerge como una herramienta poderosa, capaz de transformar no solo la forma en que experimentamos el día a día, sino también de cultivar un estado de prosperidad que perdura. Más que una técnica pasajera, la atención plena se convierte en un camino hacia una existencia más rica, significativa y sostenible.

En la vorágine de nuestras vidas modernas, a menudo nos encontramos perdidos entre los remanentes del pasado y las anticipaciones del futuro. La atención plena nos rescata de esta trampa temporal, anclándonos firmemente en el presente. En este estado de conciencia plena, descubrimos que la verdadera prosperidad no reside en la acumulación de momentos pasados o futuros, sino en la riqueza inagotable del ahora.

La práctica regular de la atención plena actúa como un catalizador para la abundancia. Al entrenar nuestra mente para reconocer y apreciar las pequeñas bendiciones cotidianas, se despierta un sentido profundo de abundancia. Este estado se convierte en un terreno fértil para que la prosperidad florezca y se expanda en todas las áreas de nuestra vida.

En el turbulento río de la vida, el estrés puede ser una corriente que amenaza con arrastrarnos. La atención plena se convierte en nuestro bote salvavidas, proporcionando un espacio mental tranquilo y sereno. Al abordar los desafíos con calma y claridad, no solo superamos el estrés, sino que creamos un ambiente propicio para que la prosperidad se desarrolle y florezca.

La atención plena se convierte en una brújula que nos guía hacia lo esencial. Al discernir nuestras verdaderas prioridades y valores, podemos dirigir nuestras energías hacia lo que realmente importa. Esta concentración en lo esencial se convierte en la base misma de la prosperidad auténtica.

Las relaciones humanas son un componente vital de la prosperidad. La atención plena transforma la calidad de nuestras interacciones, alentándonos a estar completamente presentes en cada momento compartido. Al nutrir conexiones significativas, construimos un tejido relacional que enriquece nuestra vida, añadiendo capas adicionales a un estado de plenitud. La mente despejada y liberada de las cadenas del pasado y las preocupaciones del futuro, gracias a la atención plena, se convierte en un caldo de cultivo para la creatividad y la innovación. La prosperidad no solo yace en la estabilidad, sino también en la capacidad de adaptarse y crecer constantemente, encontrando nuevas formas de explorar y experimentar la vida.

La atención plena nos guía hacia la aceptación de la realidad tal como es. Al abandonar la resistencia y abrazar la resiliencia, construimos una base sólida para la prosperidad duradera. Nos convertimos en navegantes ágiles, capaces de adaptarnos fluidamente a los inevitables cambios de marea en nuestras vidas.

Tomar decisiones desde un estado de atención plena nos permite sopesar cuidadosamente nuestras opciones. En este discernimiento consciente, elegimos caminos que estén alineados con nuestros valores y aspiraciones más profundas.

La atención plena no es simplemente un medio para alcanzar la prosperidad; es el propio estado de prosperidad. Al sumergirnos en el flujo de la vida con conciencia plena, descubrimos que la verdadera riqueza también se mide en la profundidad de nuestras experiencias y conexiones. La atención plena se convierte en el arte de prosperar continuamente, tejiendo una tela de prosperidad que perdura, evoluciona y enriquece cada momento de nuestras vidas.

La meditación: el camino tranquilo hacia la prosperidad integral prosperidad integral

"Bienaventurado el varón que no anduvo en consejo de malos, ni estuvo en camino de pecadores, ni en silla de escarnecedores se ha sentado; sino que en la ley de Jehová está su delicia, y en su ley medita de día y de noche". Será como árbol plantado junto a corrientes de aguas, que da su fruto en su tiempo, y su hoja no cae; y todo lo que hace prosperará. Salmos 1:1-3 RVR1960

En medio del ajetreo y el bullicio de la vida moderna, la meditación emerge como una poderosa herramienta para cultivar la prosperidad en todas sus dimensiones. Más allá de ser simplemente una práctica espiritual, la meditación se erige como una guía silenciosa hacia el florecimiento personal, financiero y emocional.

A lo largo de la historia, el término "meditación" ha evolucionado y ha sido abordado desde diversas perspectivas, pero todas convergen hacia una esencia común. La meditación es una práctica intelectual que emprendemos voluntariamente con el propósito de disminuir los niveles de estrés y transformar las emociones, restaurando así el equilibrio y el bienestar en los aspectos físicos, mentales y espirituales de las personas.

La meditación no es simplemente un acto de quietud mental; es una inmersión consciente en el mundo interior de pensamientos, emociones y sensaciones. A través de esta práctica, se busca no solo la relajación momentánea, sino una conexión más profunda con uno mismo.

Un viaje voluntario hacia la tranquilidad

Al destacar que la meditación es una práctica voluntaria, subrayamos la idea de que no es un proceso impuesto, sino una elección consciente. Es un viaje interno que emprendemos por nuestra propia voluntad, con el objetivo de explorar y entender los intrincados paisajes de nuestra mente y emociones.

Reducción del estrés como beneficio invaluable

La búsqueda de reducir los niveles de estrés es uno de los motivadores claves para la práctica de la meditación. Al sumergirse en esta disciplina, las personas encuentran un refugio tranquilo donde pueden liberar las tensiones acumuladas, proporcionando así un alivio terapéutico para la mente y el cuerpo.

Modificación Emocional para el Bienestar Integral

La meditación no solo apunta a la reducción del estrés, sino que también busca modificar las emociones de manera positiva. Esta práctica ofrece un espacio donde se pueden explorar y transformar patrones emocionales, permitiendo que la persona cultive estados emocionales más equilibrados y positivos.

Bienestar Físico y Mental "Un Objetivo Integrado"

El bienestar personal, tanto físico como mental, es el horizonte al que apunta la meditación. Al recorrer este camino interior, se busca restablecer la armonía entre la mente y el cuerpo. La atención plena cultivada durante la meditación se traduce en una mayor conciencia de sí mismo y, por ende, en una mejor gestión del bienestar integral.

La Meditación como herramienta versátil

La versatilidad de la meditación radica en su capacidad para adaptarse a diversas formas y enfoques. Ya sea a través de técnicas de atención plena, meditación guiada o visualización, esta práctica se convierte en una herramienta adaptable que se puede personalizar según las necesidades y preferencias individuales.

La meditación, con su rica historia y diversas interpretaciones, se presenta como una práctica profundamente personal y voluntaria. Su objetivo esencial es la búsqueda del bienestar integral, haciendo hincapié en la reducción del estrés, la modificación emocional positiva y el restablecimiento del equilibrio físico y mental. En este viaje interior, la meditación se convierte en una guía valiosa hacia la serenidad y el florecimiento personal.

En el silencio de la mente, encontramos un espacio donde la ansiedad se disuelve y la claridad emerge. Al abrazar este momento de serenidad, se sienten las bases para tomar decisiones conscientes y alinear nuestras acciones con nuestros objetivos de prosperidad.

Gestión del estrés y bienestar emocional

Uno de los mayores obstáculos para la prosperidad es el estrés constante. La meditación actúa como un antídoto, proporcionando un espacio para liberar tensiones acumuladas y encontrar equilibrio emocional. A medida que cultivamos la capacidad de gestionar el estrés, abrimos la puerta a una mente más clara y a una mayor eficacia en la consecución de metas.

Enfoque y claridad de propósito

La meditación también se revela como una aliada en el desarrollo del enfoque y la claridad de propósito. Al entrenar la mente para concentrarse en el momento presente, se disipan las distracciones y se fortalece la capacidad de tomar decisiones informadas. Este enfoque agudo es esencial para trazar un camino claro hacia la prosperidad, ya que permite definir metas con mayor precisión y trabajar hacia ellas con determinación.

Conexión Espiritual y Prosperidad Interior

La meditación, a menudo ligada a prácticas espirituales, abre una puerta a la conexión más profunda con nuestro yo interior y, para muchos, con dimensiones espirituales. Esta conexión espiritual se traduce en una sensación de plenitud y propósito que va más allá de las metas materiales. Así, la prosperidad interior se convierte en la base sobre la cual se construye la prosperidad externa.

Estableciendo hábitos positivos

La consistencia en la práctica de la meditación no solo promueve beneficios inmediatos, sino que también establece hábitos positivos que influyen en todas las áreas de la vida. Desde la toma de decisiones hasta la gestión de relaciones, la meditación moldea la mente hacia patrones más saludables y constructivos, creando un terreno propicio para la prosperidad sostenible.

Cómo Incorporar la Meditación en la Búsqueda de la Prosperidad

Iniciar una práctica de meditación no requiere grandes cambios. Comenzar con unos minutos al día y aumentar gradualmente el tiempo puede ser un primer paso valioso. Se pueden utilizar diversas técnicas, como la atención plena, la meditación guiada o la visualización, para adaptarse a las preferencias individuales.

La meditación se revela como una herramienta integral para prosperar en todos los aspectos de la vida. Al abrazar la calma interior, gestionar el estrés, enfocarse en metas claras y establecer hábitos positivos, la meditación se convierte en el faro que guía hacia una prosperidad plena y sostenible. Es el viaje tranquilo que, con el tiempo y la práctica, transforma no solo la mente, sino toda la experiencia de la vida.

Explorando la meditación sin prejuicios

La meditación, una antigua disciplina destinada a la armonía y el autoconocimiento, ha sido, en algunos círculos, envuelta en tabúes y malentendidos que han influido en la percepción pública de esta práctica. A continuación, describiremos algunos de estos tabúes para revelar la verdad detrás de la meditación.

Tabú 1: La meditación es solo para espíritus "místicos"

Uno de los mitos más comunes sobre la meditación es que está reservada para aquellos con inclinaciones espirituales o místicas. Esta noción excluyente ha dejado a muchos escépticos o indecisos sobre los beneficios que la meditación puede ofrecer a cualquier individuo, independientemente de sus creencias.

La realidad es que la meditación es para todos y es una práctica inclusiva que trasciende las barreras religiosas. Aunque ha sido arraigada en tradiciones culturales y espirituales, la meditación ha demostrado ser accesible a personas de diversas creencias y antecedentes. Desde ejecutivos ocupados hasta atletas de élite, la meditación ha encontrado su lugar en la rutina diaria de individuos de todos los ámbitos de la vida.

Tabú 2: La meditación requiere vaciar la mente por completo

Un mito persistente es que la meditación implica apagar la mente por completo, dejándola en un estado de vacío mental. Este malentendido ha llevado a algunos a evitar la meditación por temor a perder el control de sus pensamientos.

La meditación consiste en la observación consciente de la mente

Contrario a la creencia popular, la meditación no busca eliminar los pensamientos, sino cultivar la conciencia y la observación consciente. Se trata de reconocer y aceptar los pensamientos sin juzgarlos, permitiendo que fluyan naturalmente. Este proceso fomenta la comprensión y la gestión saludable de los pensamientos, en lugar de vaciar la mente por completo.

Tabú 3: La meditación es tiempo perdido, sin beneficios tangibles

Algunos sostienen que la meditación es una pérdida de tiempo sin beneficios tangibles, especialmente en un mundo donde el tiempo es valioso y se espera que las acciones resulten en beneficios inmediatos.

Se ha demostrado científicamente en numerosos estudios que respaldan los beneficios de la meditación en la salud mental y física. Desde la reducción del estrés y la ansiedad hasta la mejora de la concentración y el bienestar emocional, la meditación ha demostrado ser una herramienta valiosa para abordar los desafíos de la vida cotidiana.

Tabú 4: La meditación requiere destrezas especiales meditación requiere destrezas especiales o experiencia previa experiencia.

La idea de que la meditación es exclusiva para aquellos con habilidades especiales o una vasta experiencia ha disuadido a muchos de probar esta práctica transformadora.

La meditación es para principiantes y expertos por igual

La meditación no requiere habilidades especiales ni experiencia previa. Cualquier persona puede comenzar su viaje meditativo, ya sea mediante la meditación guiada, la atención plena o la visualización. La clave es la paciencia y la disposición a explorar la práctica de manera gradual.

Abrazando la verdad detrás de la meditación

Desafiar los tabúes que rodean a la meditación nos invita a explorar esta práctica sin prejuicios. Más allá de las percepciones erróneas, la meditación se presenta como una herramienta accesible y beneficiosa para todos, sin importar su trasfondo o creencias. Al derribar estos tabúes, podemos abrirnos a una experiencia transformadora que nutre la mente, el cuerpo y el espíritu.

Ejercicios de meditación al levantarnos.

Cuando te despiertes y antes de abrir los ojos haz un escaneo corporal. Es muy sencillo: simplemente tienes que concentrarte en respirar lentamente e ir tomando conciencia de las diferentes partes de tu cuerpo: los dedos de los pies, los pies, las pantorrillas, los muslos... No pienses en si te duele algo o en si te rozan las sábanas.

Concéntrate en observar tu cuerpo como si lo vieras mentalmente desde otra perspectiva. Esta técnica del escaneo corporal es perfecta para retomar el contacto con tu cuerpo y, también, con tu mente recién activada después del sueño. Solo te llevará unos pocos minutos, pero es un tiempo muy valioso para dar la bienvenida positiva a un nuevo día.

Antes de salir de la cama, estira bien todo tu cuerpo

La espalda, los brazos, las piernas… No pienses en nada más que en sentir cómo vuelven a moverse esas articulaciones que han estado inactivas durante varias horas.

Aséate con calma

Si no tienes tiempo para lavarte el cabello o para afeitarte o depilarte, no lo hagas. Disfruta del contacto con el agua, con el jabón, con esa colonia fresca que te trae recuerdos agradables. Asear nuestro cuerpo antes de salir al mundo, es vital para afrontar un día nuevo lleno de aromas no siempre positivos.

Saborea el desayuno

Café, té, leche, agua, pan, cereales, fruta… Saborea despacio la primera comida del día, no la tomes haciendo listas y más listas mentales de todo lo que te espera en las siguientes horas, céntrate solo en el sabor, en el aroma y en tu propio bienestar. Principio ¿No7

ACERCA DEL AUTOR

Fermín Bósquez Mc Kenzie nació el 13 de agosto de 1973 en la ciudad de Panamá, provincia de Colón. Es el menor de siete hermanos, hijo de Fermín Bósquez Ceballos y Rosario Defilia de Bósquez. Está casado con Dawn Shakira y es padre de dos hijos, Gabriel y Josué.

Desde una edad temprana, Fermín eligió el camino espiritual y se ha desempeñado en diversos roles dedicados al servicio y la inspiración. Su trayectoria incluye facetas como músico, ministro, pastor asistente. Además, destaca como cantautor y mentor de parejas, fusionando su vocación espiritual con una perspectiva emprendedora.

Fermín Bósquez Mc Kenzie no solo se ha dedicado al servicio religioso, sino que también ha incursionado en el ámbito empresarial. Creando múltiples marcas. Su versatilidad se refleja en su formación académica, donde ha obtenido estudios de música y se ha diplomado como musicoterapeuta. También cuenta con diplomado en Mindfulness (atención plena), y también cuenta con un diplomado en PNL (programación neurolingüística), aportando una dimensión única al enfoque pastoral y ministerial. Es fundador de Fullness Institute, un centro dedicado a generar bienestar integral a las personas, a través de múltiples terapias holísticas. Fermín trabaja apasionadamente como voluntario con jóvenes de diversos colegios orientales en cuanto a reglas de conducta y gestión de las emociones.

Su compromiso con la resolución de conflictos y su habilidad para guiar matrimonios en su desarrollo personal y espiritual han marcado significativamente su impacto en la comunidad. A través de su labor como líder espiritual y emprendedor, Fermín Bósquez McKenzie ha consolidado una presencia notable y valiosa en la intersección entre la fe, la música y el bienestar emocional.

Made in the USA
Columbia, SC
30 November 2024